Josef F. Justen

Geschichten über Gott, Engel und Menschen

tiefsinnige Kurzgeschichten

– Band 1 –

AF206596

*Es ist egal, ob ein Kind ein Buch liest
oder einen Film sieht.
Wichtig ist nur, dass Kinder
mit Geschichten groß werden.*

nach **Cornelia Funke**

Josef F. Justen

Geschichten über Gott, Engel und Menschen

tiefsinnige Kurzgeschichten

– Band 1 –

Bibliografische Information der Deutschen Nationalbibliothek:
Die Deutsche Nationalbibliothek verzeichnet diese Publikation
in der Deutschen Nationalbibliografie; detaillierte bibliografische
Daten sind im Internet über dnb.dnb.de abrufbar.

Titelfoto: »Bridge« © JerzyGorecki (Foto von pixabay)

Herstellung und Verlag:
BoD – Books on Demand, Norderstedt

ISBN: 9783749429271

Inhaltsverzeichnis

Der Wahrtraum 6

Die fromme Berta, die unbedingt den lieben
Gott sehen wollte 11

Die drei Räuber und die drei Richter 18

Die Heimkehr zum vergessenen Palast 24

Der ungläubige Onkel 33

Der weise Regenwurm 36

Das ganz besondere Weihnachtsfest 39

Der »grüne Gerd« 49

Wie sieht der »liebe Gott« aus? 53

Die selbst gebauten Gefängnisse 57

Der Apfelkrieg 62

Das Leben »danach« 72

Maskenball der Seele 75

Der Grenzfluss 79

Der reiche Mann und der arme Jobst 87

Das »Kreuz« des Menschen 92

Das Kind, das ein großes Opfer brachte 94

Der Wahrtraum

Zu Beginn des 20. Jahrhunderts lebte ein Medizin-Professor mit seiner Frau in einer Berliner Villa. Er forschte und lehrte schon seit Jahren an der dortigen Universität.

Eines Nachts – der Morgen graute schon – schrak er aus dem Schlaf auf, weil er einen lauten Knall zu hören glaubte. Noch bevor er dazu kam, der Sache auf den Grund zu gehen, fiel ihm ein, dass er soeben einen beängstigenden Traum hatte, an den er sich noch einigermaßen zu erinnern vermochte.

Er saß in diesem Traum am Schreibtisch seines geräumigen Arbeitszimmers. Sein Blick fiel auf den Kalender an der gegenüberliegenden Wand. Dieser zeigte an: Donnerstag, 14. Juni. An die nächsten Sequenzen des Traumes konnte er sich nicht so recht erinnern. So wusste er auch nicht mehr genau, wo er sich gerade in seinem Traum aufhielt. Dann setzte die Erinnerung wieder ein. Er sah, wie jemand ein Gewehr in der Hand hielt und auf ihn zielte. Ein Schuss löste sich mit ohrenbetäubendem Knall und traf ihn tödlich.

Noch ganz schlaftrunken stand er auf, obwohl es noch recht früh war. Während des Frühstücks las er wie üblich in der Zeitung. Sein Blick fiel auf das Datum: 13. Juni. »Heute ist ja erst der 13.! Da kann mir wohl noch nichts passieren«, dachte er, leicht vor sich hin schmunzelnd. Der Professor war ein rational denkender Mann, der nur an das glaubte, was wissenschaftlich fundiert und nachweisbar ist. Wahrträume hielt er für einen Unsinn, so dass sein Traum ihn auch nicht sonderlich beunruhigte. Seiner Frau erzählte er nichts davon.

An diesem Tag ging er wie an den meisten Tagen zur Universität, wo er an seinen medizinischen Forschungen arbeitete. Am Nachmittag hielt er noch ein Seminar für seine Studenten.

Am Abend musste er dann doch wieder einige Male an seinen Alptraum denken. Große Sorgen machte er sich jedoch nicht. Trotzdem entschloss er sich beim Abendessen dann doch, seiner Frau davon zu erzählen. Seine Frau, die ein wenig zum Aberglauben neigte, war ganz entsetzt und sagte mit aufgeregter Stimme: »Um Gottes Willen! Solche Träume darf man nicht auf die leichte Schulter nehmen! Du darfst morgen auf gar keinen Fall das Haus verlassen! Hier kann dir nichts passieren.« Der Professor lächelte nur und versuchte, sie zu beruhigen.

»Hätte ich ihr nur nichts gesagt! Jetzt kann die Gute vermutlich die ganze Nacht nicht schlafen«, dachte er.

Der nächste Tag begann. Es war Donnerstag, der 14. Juni. Als der Blick des Professors beim Frühstück auf das Datum in der Zeitung fiel, wurde ihm schon ein wenig mulmig zumute. Seine Frau flehte ihn an: »Du darfst heute auf keinen Fall das Haus verlassen! Schließe dich bitte den ganzen Tag in deinem Arbeitszimmer ein und sperre die Tür zu und verriegele das Fenster! Ach ja, und verschiebe deinen Schreibtisch etwas, so dass dich kein Schuss, der womöglich vom

Dach des gegenüberliegenden Hauses durchs Fenster abgefeuert werden könnte, treffen kann!«

Der Professor, der jetzt doch eine gewisse Unruhe nicht verleugnen konnte, hätte an diesem Tag eigentlich eine Vorlesung an der Universität halten müssen. Da aber auch er sich ein wenig sorgte und seine Frau beruhigen wollte, befolgte er ihren Rat. Er sagte die Vorlesung telefonisch ab und beschloss, den ganzen Tag in seinem Arbeitszimmer zu verbringen, um an seinem neuen Fachbuch weiterzuschreiben. Schon seit Monaten saß er an nahezu allen Tagen, an denen er nicht in der Universität erscheinen musste, fast den ganzen Tag an seinem Schreibtisch, um an diesem Buch zu arbeiten. Oft saß er da stundenlang fast regungslos, ohne sich auch nur einmal die Füße zu vertreten oder eine Mahlzeit einzunehmen.

So ging er also nach dem Frühstück ans Werk. Als er sein Arbeitszimmer betrat, fiel sein Blick gleich auf den Kalender, den er im Traum gesehen hatte. Er riss ein Blatt ab. Das neue Blatt zeigte an: Donnerstag, 14. Juni. Seine Besorgnis nahm drastisch zu. Er verschloss die Tür, verriegele das Fenster und versetzte auch den Schreibtisch um etwa einen Meter, um nicht in der von seiner Frau erwähnten Schusslinie zu sitzen.

Nun wollte er sich an die Arbeit machen. Aber irgendwie konnte er sich nicht darauf konzentrieren. Er konnte jetzt nur noch an seinen Traum denken. Er wurde in zunehmendem Maße immer unruhiger und hoffte, dass der Tag bald vorübergehen möge. Aber es war erst 9 Uhr morgens. Der Professor lief die ganze Zeit getrieben und nervös in seinem Zimmer auf und ab, hin und her, einem gehetzten Tier gleich. Dabei achtete er streng darauf, dem Fenster nicht zu nahe zu kommen.

Es wurde 10 Uhr. Da klopfte es an seiner Tür. Er fragte: »Wer ist da?« Eine leise Stimme antwortete: »Ich bin es, Frau Gebert, Ihre Putzfrau! Heute ist doch Donnerstag, da ist Ihr Arbeitszimmer an der Reihe.« Der Professor erinnerte sich, dass Frau Gebert sein Arbeitszimmer jeden Donnerstag gründlich säuberte. Er ließ sie herein und sperrte das Zimmer wieder von innen ab. »Die wird mir schon nichts tun!«, dachte der Professor.

Auch während die Putzfrau ihre Arbeit verrichtete, kam der Professor nicht zur Ruhe. Er tigerte weiterhin auf und ab. Die Putzfrau nahm er gar nicht wahr. Ihm ging es nur darum, dass dieser schlimme Tag bald ein Ende nehmen möge. Er konnte sich auf nichts anderes mehr einlassen.

Es wurde 11 Uhr. Die Putzfrau war mit ihrer Arbeit im Grunde schon fertig, als sie den Professor fragte: »Herr Professor, ich könnte heute mal wieder Ihre Gewehre putzen. Das habe ich schon seit Monaten nicht mehr gemacht.« Der Professor hörte gar nicht richtig hin und murmelte nur: »Ja, ja, machen Sie das!«

Frau Gebert öffnete den Waffenschrank, in dem sich sieben Gewehre bcfanden, die der Professor für seine Jagdleidenschaft benötigte. Sie nahm Waffe für Waffe heraus und putzte sie sorgfältig. Als sie die siebte Waffe in den Händen hielt, um sie zu reinigen, hantierte sie ungeschickt am Abzug. Da dieses Gewehr aus unerfindlichen Gründen geladen war, löste sich mit lautem Knall ein Schuss.

Hätte der Professor seinen Schreibtisch nicht verschoben und – wie sonst üblich – an ihm gesessen, hätte die Kugel ihn getroffen!

Die fromme Berta, die unbedingt den lieben Gott sehen wollte

Die alte Berta lebte ganz allein in einem kleinen Holz-häuschen in der herrlichen Schweizer Bergwelt, direkt am Fuße eines majestätischen Gipfels. Gemessen an ihrem hohen Alter – sie hatte die neunzig längst über-schritten – war sie noch recht rüstig. Sie war von einer Frömmigkeit, die in der heutigen Zeit nur noch äußerst selten vorkommt. Es dürften wohl nur wenige Tage vergangen sein, an denen sie sich nicht aufgemacht hätte, um am Gottesdienst in der Dorfkirche teilzuneh-men. Jeden Abend las sie mindestens eine halbe Stun-de in der Heiligen Schrift.

Eines Morgens suchte sie nach der Heiligen Messe den Pfarrer in der Sakristei auf. »Hochwürden, es ist so weit«, sprach sie. »Jetzt will der liebe Gott mich end-lich bei sich haben. Ich bitte Sie, mir das Sakrament der Letzten Ölung zu spenden.« Der Pfarrer war etwas verdutzt, zumal die alte Berta noch einen recht gesun-den und agilen Eindruck vermittelte. »Aber liebe Ber-ta! Das hat doch noch ein wenig Zeit. Sie sind doch noch recht gut beieinander«, wollte er sie vertrösten. Schon recht bald merkte er aber, dass es der guten Frau ernst mit ihrer Bitte war. So kamen die beiden überein, das Ritual noch am gleichen Abend in ihrem Häuschen durchzuführen.

Nachdem der Pfarrer ihr das Sakrament gespendet hatte, sprach sie: »Ich freue mich schon so sehr darauf, endlich den lieben Gott sehen zu können.« Der Pfarrer lächelte und meinte: »Ich glaube, der kann sie jetzt noch gar nicht brauchen. Sie werden sehen, sie überleben uns noch alle.«

Am nächsten Morgen wunderte sich der Pfarrer, dass die alte Berta nicht zur Morgenmesse erschienen war. Die fromme Berta war wenige Stunden, nachdem sie die Letzte Ölung empfangen hatte, sanft und friedlich entschlafen.

Als sie durch die Pforte des Todes schritt, war sie zunächst ein wenig verwirrt. »Wo bin ich denn hier?«, dachte sie. »Ach ja, ich bin ja gestorben. – So sieht also der Himmel aus! Irgendwie habe ich mir das ganz anders vorgestellt. Aber egal, Hauptsache ich kann endlich bald den lieben Gott sehen.«

Kaum hatte sie den Gedanken zu Ende gedacht, erschien vor ihr ein Wesen, das noch viel heller leuchtete und strahlte als die Sonne. Berta war ganz geblendet von der Lichtesfülle, so dass sie geraume Zeit benötigte, um den Anblick dieses Wesens ertragen zu können. Sie warf sich dem Wesen zu Füßen und sprach mit zitternder Stimme: »Mein Herr und Gott! Endlich bin ich bei dir! Endlich kann ich dich sehen!« Das Wesen lächelte und sprach: »Mein liebes Kind! Ich bin nicht der, für den du mich hältst.« Berta schaute auf und sah, wie anmutig und schön sein Gesicht war. Sie konnte gar nicht glauben, dass es nicht der liebe Gott sein sollte. Eine noch schönere Gestalt schien ihr eigentlich nicht vorstellbar. Dann entdeckte sie zwei große goldene Flügel. »Ja bist du etwa ein Engel?«, stammelte sie. »Ja, ich bin dein Schutzengel«, entgegnete der Engel. »Ich weiß, dass es dich gibt. Ich habe immer an dich geglaubt«, sprach Berta. Der Schutzengel sprach weiter: »Solange es dich gibt, war ich immer bei dir. Und ich werde auch jetzt immer bei dir sein.« »Warum habe ich nur nie gemerkt, dass du immer bei mir warst?«, fragte die fromme Berta. »Ja weißt du, das ist nicht so einfach. Ihr Menschen könnt uns mit euren Augen nicht sehen. Aber ihr könntet unsere Anwesenheit und unser Wirken spüren, wenn ihr nur genügend aufmerksam wäret«, antwortete der Engel um sogleich fortzufahren: »Ich habe dir in deinem Leben so oft geholfen. Du hast es gar nicht wahrgenommen.« Berta überlegte und musste dem Engel Recht geben. Sie hatte sein Wirken in der Tat nie wahrgenommen. Der Engel sprach weiter: »Erinnerst du dich an den Frühling des Jahres 1936? Du wolltest unbedingt zu deiner Schwester nach Deutschland übersiedeln. Du warst fest entschlossen. Mir aber war bewusst, dass du dann ein paar Jahre später in den dortigen Kriegswirren viel zu früh ums Leben kommen würdest. Da musste ich eingreifen. Ich brachte dich mit der jungen Witwe im Dorf zusammen, die, um ihre Kinder durchbringen zu können, täglich beim Bauern arbeiten musste und kaum Zeit hatte, sich um ihre kleinen Kinder zu kümmern. Diese Aufgabe hast du ja dann für viele Jahre mit großer Begeisterung und Liebe übernommen. Gern gabst du dafür dein Vorhaben auf, nach Deutschland zu emigrieren. Oder du erinnerst dich doch sicher auch an die Adventszeit des Jahres 1988, als du plötzlich schwer krank wurdest. Lange Zeit warst du viel zu schwach, um das Haus verlassen zu können. Du hattest schließlich kaum noch Lebensmut und Hoffnung. Ich war es, der dir wieder Mut gab, aus dem die Kraft zur

Genesung fließen konnte.« Berta war ganz still geworden. Nur zu gut erinnerte sie sich noch an diese Zeiten. Ihr Vertrauen und ihre Liebe zu dem Schutzengel wuchsen sehr schnell. Nur zu gern hätte sie ihm noch unzählige Fragen gestellt. Der Schutzengel merkte das natürlich und sprach: »Du musst dich gedulden. Wir haben jetzt sehr viel Zeit. Du musst noch so vieles lernen.« »Aber gestatte mir bitte noch eine Frage, lieber Engel!«, bat Berta. »Nur zu, mein liebes Kind!«, ermutigte sie der Engel, der natürlich längst wusste, was ihr auf dem Herzen lag. »Wann kann ich denn endlich den lieben Gott sehen?«, fragte sie ganz unbefangen. Der Engel antwortete mit einem mitleidigen Lächeln: »Da musst du noch unendlich viel Geduld haben. Nicht einmal wir Engel können ihn sehen.« Berta wurde etwas traurig. Aber dann fasste sie sich wieder. Schließlich war ihr Schutzengel ja fast noch schöner und weiser, als sie sich immer den lieben Gott vorgestellt hatte. Der Engel führte die fromme Berta durch die Himmelswelt und zeigte ihr vieles, was sie langsam auch zu verstehen lernte.

Nach einiger Zeit begegnete sie einem anderen Wesen, das noch größer, heller und strahlender als ihr Schutzengel war. Sie warf sich ihm vor die Füße und rief ganz erregt: »Mein Herr und Gott! Endlich bin ich bei dir! Endlich kann ich dich sehen!« Das Wesen entgegnete: »Stehe auf, mein liebes Kind! Ich bin nicht der, für den du mich hältst.« »Ja aber, wer bist du dann? Bist du etwa auch ein Engel?«, wollte sie wissen. »In gewisser Weise schon«, antwortete das Wesen. »Ich bin ein Engel der zweiten Stufe. Die Christen nennen mich auch Erzengel.« Berta war tief bewegt. Von diesen hohen Wesen hatte sie oft in der Kirche gehört. »Was ist denn deine Aufgabe? Warst du auch immer in meiner Nähe?«, wollte sie wissen. »Nicht so direkt!«, antwortete der Erzengel. »Wir haben andere Aufgaben zu erfüllen.« »Was sind denn eure Aufgaben?«, fragte Berta wissbegierig. Der Erzengel antwortete: »Nun, unsere Aufgaben sind ein wenig verschieden von denen der Engel. Die Engel sind berufen, um einen einzelnen Erdenmenschen, der ihnen anvertraut worden ist, zu beschützen. Unsere Aufgabe ist es, uns um ein ganzes Volk zu kümmern.« »Was? Um ein ganzes Volk?«, rief Berta erstaunt und anerkennend aus. »Für welches Volk bist denn du zuständig?« Der Erzengel antwortete: »Für dein Volk natürlich! Für das Volk der Schweizer!« »Ist es dann auch dir zu verdanken, dass unser Volk nicht mit in den schrecklichen Zweiten Weltkrieg verwickelt worden ist?«, fragte sie. »Ein wenig schon. Aber unsere Möglichkeiten sind auch begrenzt. Die Menschen müssen da schon ein wenig mitspielen. Viele meiner Amtskollegen konnten ihr Volk nicht vor dem Krieg bewahren«, antwortete der Erzengel. Berta begann immer mehr zu verstehen.

Ihr Schutzengel begleitete sie weiter durch die Himmelswelt.

Eines Tages – es dürften nach irdischer Zeitrechnung wohl einige Jahre vergangen sein – traf Berta auf ein weiteres Wesen, das sie zuvor nie zu sehen bekam. Dieses Wesen war noch erhabener, schöner und strahlender als der Erzengel. Ehrfürchtig sank Berta zu Boden und rief siegessicher: »Mein Herr und Gott! Du musst der liebe Gott sein. Endlich bin ich bei dir! Endlich kann ich dich sehen!« Das Wesen bat Berta aufzustehen und sprach mit ruhiger und freundlicher Stimme: »Mein geliebtes Kind, auch ich bin nicht der, für den du mich hältst. Auch ich bin nur einer der Diener dessen, den du suchst.« »Ja, wer bist du dann. Gehörst du auch zu den Engeln?«, fragte Berta. Das Wesen antwortete: »In gewisser Weise schon. Ich gehöre zu den Engeln der dritten Stufe. Ich bin ein Zeitgeist.« »Was? Ein Zeitgeist? Machst du die Zeit?«, fragte Berta verwundert. »Nein, so würde ich das nicht ausdrücken. Die Zeit machen wir nicht. Aber wir sorgen ein wenig dafür, dass die Menschen dasjenige machen, was in den einzelnen Zeitepochen das Richtige und Notwendige ist. Wir achten darauf, dass sie die richtigen Gedanken und Ideen haben. Aber das kannst du jetzt noch nicht so ganz verstehen«, antwortete der Zeitgeist geduldig.

Die fromme Berta war ganz nachdenklich geworden. Sie wollte verstehen, was ihr gezeigt und gesagt worden war. Ihr Schutzengel, der immer an ihrer Seite war, spürte das natürlich. Er nahm sie liebevoll zur Seite und sprach: »Mein liebes Kind! Höre mir bitte einmal ganz genau zu! Fromme Menschen wie du glauben immer, dass es der liebe Gott wäre, der alles persönlich bewirkt. Ihr glaubt, dass er euch beschützt, ganze Völker leitet und vieles mehr. Ja, aber wie sollte er das ganz alleine alles schaffen können? Das wäre völlig unmöglich! Dazu hat er ja vor urfernen Zeiten ganze Scharen von Himmelswesen geschaffen, die diese Arbeiten nach seinem Plan ausführen. Dazu gibt es uns Schutzengel, die Erzengel und die Zeitgeister. Diese hast du ja nun schon ein wenig kennen lernen dürfen. Darüber hinaus gibt es noch viele weitere Wesen, deren Erhabenheit noch viel größer ist als die der Zeitgeister. Alle diese Wesen haben ihre konkreten Aufgaben zu erfüllen und sind somit Diener des lieben Gottes.« Berta war ganz still geworden und lauschte andächtig. Der Schutzengel fuhr fort: »Der liebe Gott selbst ist ein so unfassbar hohes Wesen, dass man ihn mit keinen Worten und keinen Bildern beschreiben kann. Selbst uns Engeln, ja selbst den Erzengeln und Zeitgeistern, ist sein Anblick verwehrt. Wir sehen ihn nur in seinen Werken.«

Berta hatte jetzt vieles verstanden. Sie schämte sich fast ein wenig, dass sie eine so kindliche Vorstellung von dem lieben Gott hatte. Es überkam sie eine tiefe Dankbarkeit, dass sie mit diesen erhabenen Wesen zusammen sein durfte. Sie zeigten ihr all die Schönheiten der himmlischen Welt, in die sie sich mehr und mehr einzuleben verstand.

Die drei Räuber und die drei Richter

Vor einiger Zeit überfielen drei Männer eine Tankstelle. Um sich freie Bahn zu verschaffen, schlugen sie die wagemutige Verkäuferin, die sich ihnen in den Weg stellen wollte, nieder. In wenigen Minuten rafften sie alles zusammen, was sie kriegen konnten. Die Männer, die im Grunde ihres Herzens eigentlich keine gar so schlechten Kerle waren, waren sehr arm und daher jetzt ziemlich froh, ein paar Nahrungsmittel und ein wenig Geld zu besitzen, um sich einige schöne, sorgenfreie Tage machen zu können.

Doch schon kurz nach ihrer üblen Tat wurden sie von den Ordnungshütern der Stadt gefasst und vor Gericht gestellt. Die drei wurden drei verschiedenen Richtern vorgeführt.

Der Richter, der für den ersten Räuber zuständig war, war ein gestrenger, unerbittlicher Herr, der sich zutiefst dem Wohle und der Sicherheit seines Volkes verpflichtet fühlte. Er gab dem Räuber gar keine Gelegenheit, etwas zu seiner Verteidigung zu sagen. Er schickte ihn sogleich ins Gefängnis, wo er noch über zwanzig Jahre bis an sein Lebensende bei karger Kost dahindarbte. Die Menschheit war für ihn verloren, und er war für die Menschheit verloren. Das Volk war zufrieden und lobte das harte Urteil in den höchsten Tönen. »Endlich sind wir vor diesem Verbrecher sicher! Der kann uns keinen Schaden mehr zufügen!«, hörte man sie sprechen.

Der Richter, mit dem es der zweite Räuber zu tun bekam, war ein etwas jüngerer Herr. Auch er befasste sich nicht lange mit dem Unhold und ließ ihn mit der Begründung laufen: »Was soll ich mich lange mit diesem Strolch beschäftigen! Wenn ich ihn in ein Gefängnis werfen lasse, müssen wir ihn ernähren. Das Brot und alles andere, was er verzehren würde, müsste unser Volk bezahlen. Das ist so einer gar nicht wert. Soll er doch sehen, wo er bleibt!« Die große Mehrheit des Volkes war mit diesem Urteilsspruch einverstanden. Keiner hätte es gern gesehen, wenn er für solch einen Kerl womöglich höhere Steuern hätte zahlen müssen.

Der Räuber war froh, so glimpflich davon gekommen zu sein und ging seines Weges. Er empfand seinen Freispruch als Chance, ein anständiges Leben zu führen. Er bemühte sich sehr, eine Arbeit zu finden, um sich redlich ernähren zu können. Natürlich hatte sich seine Tat bei den Leuten herumgesprochen. Wo er auch hinkam, um seine Arbeitskraft anzubieten, bekam er immer wieder zu hören: »Was, du wagst es, mich zu bitten, dir Arbeit zu geben? Vermutlich wartest du nur auf die erstbeste Gelegenheit, mich niederzuschlagen und auszurauben! Verschwinde! Lass' dich hier nie wieder sehen!«

Irgendwann gab der Räuber die Hoffnung auf, ein anständiges Leben führen zu können. Ihm wurde klar, dass keiner bereit wäre, ihm eine neue Chance zu geben. Da er aber kein Geld und viel Hunger hatte, sah er keinen anderen Ausweg, als sein Leben als Räuber fortzusetzen. Von diesem Tage an war keiner im Lande mehr vor ihm sicher. Wann immer er wieder großen

Hunger verspürte, überfiel er ein Geschäft oder eine Bank und nahm sich, was er brauchte. Im Laufe der Jahre ging er immer ausgeklügelter vor, so dass die Ordnungshüter keine Chance hatten, ihn an seinen Raubzügen zu hindern oder seiner habhaft zu werden. Er stahl immer häufiger sehr viel mehr, als er zum Lebensunterhalt benötigt hätte. Auch wurde er in der Wahl seiner Mittel, mit denen er die Opfer außer Gefecht setzte, immer weniger zimperlich. Er stellte eine große Gefahr für Land und Leute dar. Nicht wenige hörte man jetzt rufen: »Man hätte den Verbrecher damals sofort für alle Zeiten in den Kerker werfen sollen!«

Der Richter, der das Urteil über den dritten Räuber zu fällen hatte, gab dem Mann sehr viel Gelegenheit, über die Beweggründe seiner Tat zu berichten. Erst nach vielen Stunden und reiflicher Überlegung verkündete er seinen Richterspruch: »Was du getan hast, war nicht recht. Ich glaube, das weißt du selbst. Dir ist klar, dass ich dich nicht einfach laufen lassen kann, als wäre nichts geschehen. Damit würde ich auch dir keinen Dienst erweisen. Ich halte es aber auch nicht für klug, dich in einem Gefängnis darben zu lassen. Das bringt dich nicht weiter. Ich habe eine bessere Idee. Am Rande der Stadt gibt es einen großen Bauernhof. Der Bauer ist vor kurzem gestorben. Die Bäuerin, eine alte schwache Frau, kann die ganze anfallende Arbeit kaum allein bewältigen. Auch hat sie nicht genug Geld, um eine Arbeitskraft einzustellen.« Der Räuber lauschte gespannt. Er spürte, dass der Richter bereit war, ihm eine Chance zu geben. Der Richter fuhr fort: »Ich werde dich zu ihr schicken. Du wirst ihr drei Jahre lang mit ganzer Kraft bei der Arbeit helfen, Tag für Tag, auch an Sonntagen. Als Lohn wird sie dir eine Kammer zur Verfügung stellen, in der du wohnen kannst, und dich mit ausreichenden Mahlzeiten versorgen. Ein paar meiner Leute werden ein Auge darauf haben, dass du nicht die Flucht ergreifen kannst.«

Gesagt, getan! Der Räuber wurde zur Bäuerin geführt, die natürlich schon Bescheid wusste. Die Bäuerin, eine sehr freundliche, kluge Frau, begrüßte ihn mit den Worten: »Willkommen, guter Mann! Ich kann deine Hilfe wirklich gut gebrauchen. Ich freue mich, dass du auf einen solch gütigen, weisen Richter getroffen bist, und ich freue mich, dass du jetzt hier bist.«

Der Räuber war der Bäuerin vom ersten Tage an eine große Hilfe. Nicht selten arbeitete er freiwillig länger und leistete mehr, als ihm aufgetragen wurde. Mit der Bäuerin kam er sehr gut aus. Häufig saßen sie abends nach getaner Arbeit noch beieinander und erzählten über Gott und die Welt. Es wäre ihm nie in den Sinn gekommen, sich über seine Arbeit auf dem Hof zu beklagen oder gar zu fliehen.

Die drei Jahre vergingen wie im Fluge. Auch danach blieb er noch aus freien Stücken bei der Bäuerin und arbeitete als ihr Knecht. Das war beiden sehr recht. Längst sah die Bäuerin in ihm nicht mehr den Knecht, sondern einen gleichberechtigten Arbeitspartner. Da der Räuber, der ja eigentlich gar keiner mehr war, viele Jahre sehr viel mehr gearbeitet hatte, als es von ihm gefordert wurde, warf der Hof reichliche Erträge ab und wurde schon bald zum größten und schönsten im ganzen Lande. Die Bäuerin konnte es sich nun leisten, einen weiteren Knecht einzustellen, der ihr und dem Räuber viel Arbeit abnahm.

Die so gewonnene Zeit nutzte der ehemalige Räuber, um sich auch anderen Dingen zuwenden zu können. Wo auch immer es in der Nachbarschaft etwas zu tun gab, packte er mit an, ohne dafür einen Lohn empfangen zu wollen. Alle mochten ihn und schätzten seine Hilfsbereitschaft. An einem Winternachmittag rettete er zwei Kindern das Leben, die beim Schlittschuhlaufen auf dem zu dünnen Eis eines Sees eingebrochen waren und zu ertrinken drohten.

Dass die Bäuerin recht reich geworden war, sprach sich herum. Auch der zweite Räuber, der ja immer noch auf freiem Fuße war, erfuhr davon und beschloss, dort seinen nächsten Beutezug zu machen. Eines Nachts schlich er sich auf den Hof. Er brach die Tür des Bauernhauses auf und machte sich an den Schränken und Vitrinen in der Wohnstube zu schaffen, wo er Geld, Schmuck und sonstige Wertsachen vermutete. Doch die Bäuerin wurde durch die Geräusche aufgeweckt und ging in die Wohnstube, um nach dem Rechten zu sehen. Ohne mit der Wimper zu zucken, wollte der Ganove den Störenfried mit einem kräftigen Hieb niederstrecken. Gott sei Dank wurde auch der ehemalige Räuber durch die unüberhörbaren Geräusche wach und kam gerade noch rechtzeitig, um das zu verhindern. Er, der kräftiger war als der Eindringling, setzte diesen mit ein paar gezielten Griffen außer Gefecht und legte ihm Fesseln an.

Natürlich erkannten die beiden sich wieder. »Mensch Kumpel!«, sagte der Gefesselte erleichtert, »Du bist das! Da habe ich ja Glück gehabt. Komm, löse meine Fesseln! Dann nehmen wir uns den ganzen Zaster und suchen das Weite.« Es dauerte jedoch nicht lange, bis er merkte, dass sein ehemaliger Weggefährte nicht mehr der alte war. Ihm graute Schlimmstes. »Was hast du mit mir vor? Willst du mich etwa erschlagen oder in den Kerker werfen lassen?« Er bekam als Antwort: »Ich weiß nicht, wie eine gerechte Strafe für dich aussehen könnte. Ich weiß nicht, wie ich dir helfen könnte, wieder den rechten Weg zu finden. Aber ich kenne jemanden, der das ganz gewiss weiß. Zu diesem Mann werde ich dich gleich Morgen früh bringen.«

Die Heimkehr zum vergessenen Palast

Schon in urfernster Vergangenheit – als das, was wir heute »Zeit« nennen, noch gar nicht existierte – gab es einen prachtvollen gläsernen Palast. In diesem Palast wohnte ein Wesen, dem es an nichts fehlte. Der Palast und das Wesen hatten keinen Anfang und sie haben kein Ende; es hat sie schon immer gegeben, und es wird sie immer geben, wie viel Zeit auch immer verfließen mag.

Der Palast und auch das Wesen waren von solch unvorstellbarer Größe, dass Menschen, hätte es sie in dieser Zeit schon gegeben, nur einen winzigen Teil davon hätten sehen können, so dass sie es in seiner Gänze nicht zu erkennen oder zu begreifen vermocht hätten. Ähnlich geht es den Menschen heute beispielsweise mit der unermesslichen Weite des Weltalls. Auch davon kann man, soweit man seinen Blick auch schweifen lässt, nur jeweils einen Bruchteil sehen.

Alles war von so erhabener Schönheit und Vollkommenheit, dass die meisten der heutigen Menschen es sich wohl gar nicht vorstellen können, dass es so etwas Schönes und Großartiges überhaupt geben könnte.

Für menschliche Begriffe wäre nicht zu entscheiden gewesen, ob es sich bei dem Wesen um ein männliches oder weibliches gehandelt hat. Es vereinigte in sich die besten Eigenschaften, die wir heute den klügsten, forschesten, mutigsten und weisesten Männern zurechnen, mit denen, die wir den fürsorglichsten, treusorgendsten, feinfühligsten und liebevollsten Frauen zuschreiben. Würden wir dieses Wesen also als ein »Er« bezeichnen, würden wir die halbe Wahrheit genauso verschweigen, wie wenn wir von einer »Sie« sprächen.

Nun, für den weiteren Verlauf der Geschichte brauchen wir aber einen Namen für dieses unglaublich vollkommene Wesen. Wir könnten es »Urgrund« nennen, weil es der Grund allen Daseins war und ist. Wir können und wollen es aber auch »Schöpfer« nennen, weil es alles erschaffen hat, was jemals entstanden ist. Auch wenn »Schöpfer« ein männliches Hauptwort ist, so soll das nicht so verstanden werden, dass er vielleicht doch eher männlich war. Er war männlich und weiblich zugleich, oder aber weder das eine noch das andere.

Es war irgendwie gar nicht möglich, den Schöpfer, den Palast und alles andere, was es an diesem Ort gab, voneinander zu trennen. Er war einfach mehr als nur dieses unfassbar erhabene Wesen, der Schöpfer war zugleich der Palast und auch alles andere, was es sonst noch gab; er war irgendwie alles und es gab nichts, was nicht der Schöpfer oder zumindest ein Teil von ihm gewesen wäre.

Der Schöpfer war zufrieden. Er wusste, dass er einzigartig, erhaben und vollkommen war. Es gab nichts, das ihm fehlte oder dessen er bedurfte. Er kannte nichts von alledem, was den heutigen Menschen das Leben schwer machen kann: Hunger, Durst, Kälte, Angst, Hass, Schmerz, Eifersucht und Sorgen. Auch kannte er nicht die vielen, vielen Gefühle und Eindrücke, die Menschen heute als angenehm und beglückend oder als unangenehm und niederschmetternd empfinden. Zwar wusste er um diese Dinge, doch als so erhabenem Wesen war es dem Schöpfer nicht möglich, diese Dinge zu erfahren. Schlimmer noch, da er allwissend war, wusste er natürlich von seiner eigenen Existenz. Da es aber außer dem Schöpfer selbst kein anderes Wesen gab, konnte er sich selbst nicht erfahren. Es ging ihm so ähnlich, wie einem Menschen, der in einem Land aufwächst, in dem es immer warm ist. Einem solchen Menschen kann beispielsweise nicht bewusst werden, wie angenehm Wärme ist, solange er nicht auch die Kälte erfahren hat.

Da der Schöpfer aber nicht nur allwissend, sondern auch allmächtig war, hatte er einen genialen Plan. Er schuf gleichsam aus sich selbst heraus viele kleine ihm ähnliche Wesen. Diese Wesen waren aus der gleichen Substanz, aus der der Schöpfer selbst war. Diese Wesen, die gewissermaßen seine Diener und Mitstreiter wurden, gewannen schon bald eine große Macht und außerordentliche Fähigkeiten. Sie kamen in ihrer Vollkommenheit dem Schöpfer schon recht nahe. Daher verlieh der Schöpfer ihnen – gewissermaßen als Auszeichnung – große, goldene Flügel. Im Folgenden wollen wir somit diese hohen Wesen als »Flügelwesen« oder »geflügelte Wesen« bezeichnen.

Die Flügelwesen führten ein glückliches Leben im gläsernen Palast und durften an den Plänen und Bestrebungen des Schöpfers mitwirken. Sie wären nie auf die Idee gekommen, etwas zu tun, was den Absichten des Schöpfers widerstrebt hätte, ja, es wäre ihnen gar nicht möglich gewesen, so zu handeln, da sie nicht über einen freien Willen verfügten.

Eines Tages hatte der Schöpfer einen besonders genialen Plan. Er schuf Wesen, denen es in ur-urferner Zukunft möglich sein kann, selbst schöpferische Wesen zu werden, Wesen, die über einen freien Willen verfügen. Seine geflügelten Diener halfen dabei tatkräftig mit.

Diese neuen Wesen lebten dann für lange Zeit im Palast in der Umgebung des Schöpfers und der unzähligen Flügelwesen. Dort fehlte es ihnen an nichts. Allerdings waren sie noch wie unmündige Kinder, die nicht viel verstehen und leisten konnten.

Nachdem sie über lange Zeiten ein solch friedvolles Leben geführt hatten, trat eines der Flügelwesen an sie heran. Es hatte besonders große, glänzende Flügel, viel glänzender als die der übrigen. Es säuselte den neuen Wesen zu, dass sie selbst so sein könnten wie der Schöpfer. Dadurch wurden sie stolz und hochmütig. Der Schöpfer wusste, dass sie jetzt nicht länger im Palast bleiben dürften, wenn sie sich in der von ihm angedachten Weise entwickeln sollten. Auch die Verführung durch das Flügelwesen mit den besonders glänzenden Flügeln lag durchaus in seinem Plan.

Er entließ die neuen Wesen auf eine wunderschöne große Wiese, die er unter Mithilfe der Flügelwesen eigens rings um den Palast herum erschuf. Die neuen Wesen waren jetzt also keine »Palastwesen« mehr, sondern »Wiesenwesen«. Der Schöpfer stellte jedem Wiesenwesen ein geflügeltes Wesen als »Schutzwesen« an die Seite, das es ein wenig führen und leiten und ein wachendes Auge auf es werfen sollte.

Der Schöpfer machte den Wiesenwesen äußerst großzügige Geschenke. Er begabte sie mit Verstand und Vernunft, die völlig ausreichend waren, um auf dieser Wiese, auf der es alles gab, was sie benötigten, ein glückliches, friedvolles Leben führen zu können. Von allen Geschenken, die der Schöpfer seinen Wesen machte, war aber dies das größte: Er erlaubte ihnen, völlig frei darüber entscheiden zu können, was sie mit ihrem Leben und ihrer Zeit anfangen wollten. Sie konnten tun und lassen, was immer sie wollten. Wenn ihnen danach war, konnten sie irgendwelche Arbeiten verrichten, sie konnten faulenzen oder mit Wesensgenossen feiern, sie konnten dem Schöpfer danken und ihn preisen, wie auch immer ihnen beliebte. Der Schöpfer ließ sie frei gewähren. Er und die Schutzwesen griffen selbst dann nicht ein, wenn sie besonders unsinnige Dinge machten oder sich gar gegenseitig gewaltigen Schaden zufügten.

Der Schöpfer wusste immer darum, dass diese Wesen Teile von ihm waren und dass alle ja Eins waren. Er beobachtete sie aus dem gläsernen Palast heraus und hatte Wohlgefallen an ihnen. Sie waren im Grunde genau so vollkommen wie er selbst. Zumindest hatten sie die Möglichkeit, so vollkommen zu werden. Er brauchte diese Wesen, wie sie ihn brauchten. Er liebte sie über alles. Durch diese Wesen hatte der Schöpfer endlich die Möglichkeit, sich selbst zu erfahren.

Ähnlich wie heute Eltern oft aus der Wohnstube durchs Fenster ihren Kindern beim Spielen im Garten zusehen, beobachtete der Schöpfer seine Wesen. Er wusste, egal was sie auch immer täten, dass sie in seiner Obhut, dass sie in Sicherheit waren. Es konnte ihnen nichts wirklich Schlimmes passieren, er könnte sie jederzeit wieder zu sich herbeirufen. Und so machte er es auch: Wann immer die Wiesenwesen eine gewisse Zeit lang auf der Wiese gelebt, dort ihre Erfahrungen gemacht und Neues gelernt hatten, nahm er sie wieder für lange, lange Zeit in seinen Palast auf. Dort konnten sie sich ein wenig vom Leben auf der Wiese ausruhen und alles verarbeiten, was sie dort erlebt hatten sowie neue Pläne schmieden. Dabei wurden sie von ihrem Schutzwesen und auch von anderen Flügelwesen tatkräftig unterstützt. Dann wurden sie wieder auf die Wiese entlassen.

Anfangs, als die Wiesenwesen erst wenige Male auf der Wiese gelebt hatten, waren sie noch durchaus fähig und bereit, den Palast und durch seine gläserne Fassade die Flügelwesen zu sehen. Den Schöpfer selbst konnten sie nicht sehen. Aber sie wussten, dass er sich in allem offenbarte, was es auf der Wiese und im Palast wahrzunehmen gab. Sie wussten, dass alles ein Teil von ihm war. Ihnen war klar, wer sie waren und wo sie herkamen. Sie spürten die unermessliche Liebe, die der Schöpfer und die geflügelten Wesen ihnen schenkten, und sie fühlten sich geleitet und beschützt.

Je öfter sie schon auf dieser wunderschönen Wiese verweilen durften, desto mehr verstanden sie es, sich die Wiese untertan zu machen. Immer mehr lernten sie, Dinge zu bauen, die sie brauchten oder zu brauchen glaubten. Das fachte ihren Stolz und Hochmut mehr und mehr an. Sie begannen, sich selbst zu wichtig zu nehmen, sich selbst zu überschätzen. Sie trafen die Wahl, eigenständige Wesen sein zu wollen. Sie erfanden Worte wie »Ich« und »Du«. Jedes einzelne Wiesenwesen empfand sich selbst als ein Ich und sah in allen anderen nur ein Du. Jedes Ich war bestrebt, immer mächtiger zu werden, selbst wenn es dafür einem anderen, einem Du, Schaden zufügen musste. Jeder wollte mehr haben, mehr besitzen als der andere.

Es vergingen viele, viele Jahre.

Irgendwann war es soweit, dass die Wiesenwesen ganz und gar vergessen hatten, wo sie herkamen, wer sie eigentlich waren. Sie vermochten nicht länger, den Palast und die Flügelwesen zu sehen. Der gläserne Palast war für sie nicht mehr durchsichtig. Er war für sie bestenfalls zu einem Spiegel geworden, in dem sie ihre vermeintliche Großartigkeit sehen konnten. Es gab einige besonders Kluge unter den Wesen, die nicht oder nicht ganz vergessen hatten, was und wo ihre Heimat ist. Immer und immer wieder versuchten sie, den anderen davon Kunde zu geben. Doch sie wurden nicht verstanden und meistens nicht einmal gehört.

Der Schöpfer sah das natürlich alles und wurde traurig. Doch er gab diese Wesen niemals auf. Er wusste jederzeit, dass diese Wesen und er ja Eins waren. Ihm war klar, dass sie noch viel auf der Wiese zu lernen hatten und dass sie eines urfernen Tages wieder als freie schöpferische Wesen für immer in den Palast zurückkehren könnten, sofern sie sich dazu entscheiden. Dann könnte er ihnen auch Flügel verleihen, die in gewisser Weise noch glänzender sein werden als die der Flügelwesen.

Die Wesen aber hatten den Schöpfer, die Flügelwesen und den Palast längst vergessen. Selbst von ihrem persönlichen Schutzwesen wussten sie nichts mehr. Nur die wenigsten unter ihnen hatten noch eine dumpfe Erinnerung. Sie spielten weiterhin ihr großes Spiel »ICH will größer und mächtiger sein als DU«. Doch so lange sie auch spielten, so mächtig einige auch wurden, so richtig glücklich waren sie nie. Die meisten glaubten, sie wären nur deshalb nicht glücklich, weil sie noch nicht reich und mächtig genug wären.

Immer mehr von ihnen verspürten in zunehmendem Maße eine gewisse innere Leere sowie eine unterbewusste tiefe Sehnsucht, wieder dahin zurückzukehren, wo sie einst hergekommen waren, wo alles so erhaben und vollkommen war. Sie wollten wieder nach Hause. Einige machten sich auf den Weg. Viele von diesen kamen aber nie an, da sie ja gar nicht wussten, wo sie eigentlich hinlaufen sollten. Dabei stand der Palast doch in ihrer unmittelbaren Umgebung, nur konnten sie ihn nicht mehr sehen. Es war so, wie wenn der Palast Betonwände hätte, durch die sie nicht schauen konnten. Viele machten sich erst gar nicht auf den Weg, da es ihnen sinnlos erschien, einen Weg zu suchen, dessen Ziel sie nicht einmal kannten. Nicht wenige waren sogar der Meinung, dass es außer der schönen großen Wiese mit allem, was sie selbst dort errichtet und errungen hatten, gar nichts anderes geben könnte. Sie bestritten heftig, dass es irgendwo einen derartigen Palast und andere Wesen als Wiesenwesen gäbe, die mächtiger und erhabener als sie selbst wären.

So geht es diesen Wiesenwesen, oder zumindest den meisten von ihnen, noch heute. Es sind immer noch nur vereinzelte, die den Palast und die geflügelten Wesen zu sehen vermögen und somit einen Weg finden können. Viele besitzen diese Gabe zwar nicht, sind aber immerhin davon überzeugt, dass es den Palast, den Schöpfer und die Flügelwesen gibt und geben die Hoffnung nicht auf, eines Tages den richtigen Weg zu finden.

Der ungläubige Onkel

Die 18-jährige Anna besuchte an einem Sonntagabend seit längerer Zeit mal wieder ihren Onkel Klaus, mit dem sie in ihrer Kindheit viel Zeit verbracht hatte. Der Onkel zeigte sich über den überraschenden Besuch sehr erfreut.

Nachdem die beiden ein paar Höflichkeitsfloskeln ausgetauscht hatten, versuchte Onkel Klaus ein Gespräch in Gang zu setzen: »Na, Anna, wie hast du denn den heutigen Tag bisher so verbracht?« Anna antwortete: »Ich war heute mit einer meiner Freundinnen im Planetarium. Das war sehr interessant. Und heute Morgen war ich wie an den meisten Sonntagen in der Kirche.« »Was«, entgegnete der Onkel, »gehst du etwa immer noch in die Kirche? Glaubst du wirklich noch an Gott?« »Ja, natürlich glaube ich an Gott! Du etwa nicht?«, meinte Anna. »Nein, nein, diesen Kinderglauben habe ich mir schon lange abgewöhnt. Ich glaube nur an das, was ich mit eigenen Augen sehen kann. Und Gott hat ja wohl noch keiner zu Gesicht bekommen, oder?«, sagte Onkel Klaus etwas spöttisch.

Anna schwieg eine Weile, um dann wieder anzusetzen: »So, du glaubst also nur an das, was du sehen kannst. Dann kannst du ja wohl auch nicht an Gedanken oder Gefühle wie beispielsweise Freude oder Traurigkeit glauben. Gedanken und Gefühle kann schließlich auch kein Mensch sehen.« »Gedanken und Gefühle hat doch jeder! Selbstverständlich kann ich etwa die Traurigkeit eines anderen Menschen sehen«, sprach Onkel Klaus. »Nein Onkel, das ist so nicht ganz richtig. Die Traurigkeit selbst kannst du nicht sehen! Du kannst vielleicht sehen, dass jemand traurig ist. Du kannst nur das sehen, was die Traurigkeit bei einem Menschen zum Vorschein bringt, was sich beispielsweise dadurch ausdrücken kann, dass er eine traurige Miene hat oder dass er weint«, klärte Anna auf. »Von mir aus! Vermutlich hast du in diesem Punkt Recht. Gedanken und Gefühle sind dann aber auch schon die einzigen Dinge, die es gibt, obwohl man sie nicht sehen kann«, sagte Onkel Klaus etwas genervt.

Anna fuhr unbeirrt fort: »Nun gut, wenn du also mit Ausnahme der Gedanken und Gefühle nur an das glaubst, was du sehen kannst, dann kannst du auch nicht an die Naturgesetze glauben. Dann musst du zum Beispiel die Schwerkraft für etwas halten, was es gar nicht gibt!« »Was für ein Unsinn! Natürlich gibt es die Schwerkraft. Wenn ich jetzt meine Tasse zu Boden fallen ließe, würde sie herunterfallen und auf dem Fußboden landen. Also kann man die Schwerkraft sehen«, wetterte der Onkel. »Nein, die Schwerkraft kannst du nicht sehen! Du siehst nur ihre Wirkung«, konterte Anna. Dem Onkel fielen keine Argumente mehr ein. Anna setzte nach: »Vermutlich glaubst du auch nicht an das Licht, denn Licht kann man auch nicht sehen.« »Ja, spinnst du jetzt!«, polterte Onkel Klaus. »Schau dich um! Warum ist es hier in der Stube hell? Richtig, weil die Lampe brennt. Und du willst behaupten, Licht könne man nicht sehen?«

Anna gab noch nicht auf. Ganz ruhig und behutsam versuchte sie ihrem Onkel die Sache klarzumachen: »Wenn jemand glaubt, man könne Licht sehen, so befindet er sich in einem gewaltigen Irrtum! Licht kann man nicht sehen. Man kann nur die Wirkung des Lichtes sehen, die in diesem Fall darin besteht, dass deine Stube hell ist. Würde ein Licht in einen völlig leeren, dunklen Raum, in dem es nicht einmal die geringsten Staubpartikel gibt, fallen, so bliebe der Raum dunkel! Du siehst, lieber Onkel, es gibt eine ganze Reihe von Dingen, die jeder kennt und an die er glaubt, obwohl er sie nicht sehen kann. Man erkennt sie nur an ihren Wirkungen, an ihren Offenbarungen. Auch Gott kannst du nur an seinen Offenbarungen erkennen. Dazu musst du dich nur in der Welt umsehen. In allem, was du dort siehst, offenbart sich Gott. Vielleicht kannst du ja eines Tages auch an ihn glauben.«

Der Onkel wurde ganz still und nachdenklich. Auch an den folgenden Tagen dachte er häufig über das nach, was ihm seine Nichte dargelegt hatte.

Der weise Regenwurm

Ein Fuchs, ein Vogel und ein Regenwurm begegneten sich an einem lauen Frühlingsabend auf einer Waldlichtung.

Der Regenwurm bekam es mit der Angst zu tun, als er den großen bunten Vogel sah. Er befürchtete, von ihm verschlungen zu werden und wollte sich schon wieder im Boden einbuddeln. »Bleibe doch hier«, zwitscherte der Vogel. »Ich habe schon gespeist. Ich bin satt. Auch meine Jungen sind wohlgenährt. Warum also sollte ich dir etwas anhaben wollen? Du brauchst keine Angst zu haben.« Der Wurm vertraute ihm, und blieb.

Im gleichen Moment vernahm der Vogel den Fuchs. Da ihn große Angst ergriff, von dem Fuchs verspeist zu werden, wollte er schon schleunigst davonfliegen und das Weite suchen. Doch der Fuchs sagte in erhabenem Ton: »Du kannst ruhig auch hier bleiben, du Angsthase! Meine Kinder und ich haben schon zu Abend gegessen. Wir sind satt. Du kannst dir deiner sicher sein.« Der Vogel verließ sich auf das Wort des Fuchses, und er blieb ebenfalls.

So verweilten die drei Tiere noch einige Zeit miteinander. Sie unterhielten sich angeregt über die unterschiedlichsten Dinge. Sie redeten über ihre Sorgen und Nöte und über viele andere Angelegenheiten, die sie bewegten.

Nach einer ganzen Weile begann der Fuchs plötzlich zu prahlen: »Ich bin das tollste und mächtigste Tier des ganzen Waldes. Meine List und Schläue sind sprichwörtlich. Selbst die Menschen loben ihre Besten, indem sie diese ›schlau und listig wie ein Fuchs‹ nennen. Vor mir ist kein Tier des Waldes sicher.« Dann wandte er sich an den Vogel: »Auch dich könnte ich jetzt ergreifen und fressen, wenn mir danach wäre!«

Der schöne bunte Vogel hüpfte ein wenig zurück, um sich einen größeren Abstand zum Fuchs zu verschaffen und zwitscherte: »Gib doch nicht so an! Wenn ich aufpasse, hast du gar keine Chance, mich zu erwischen. Ich brauche nur wegzufliegen, dann hast du das Nachsehen. Ja, ich bin das einzige Tier, das fliegen kann. Selbst die Menschen haben Jahrtausende gebraucht, bis sie Flugzeuge zu bauen verstanden, mit denen sie fliegen können. Wie kannst du also behaupten, mächtiger zu sein als ich, wo du nicht einmal fliegen kannst!« Dann piepste der Vogel dem Regenwurm zu: »Ich bin das tollste von allen Tieren. Und du bist ohne jeden Zweifel die erbärmlichste, hässlichste und unwichtigste Kreatur. Ich bräuchte nur meinen Kopf zu bewegen und schon könnte ich dich mit meinem Schnabel greifen und verschlingen. Außerdem kannst du nicht einmal gescheit laufen.«

Während Fuchs und Vogel noch heftig stritten, wer wohl der mächtigere von beiden wäre, ergriff der Wurm das Wort: »Ich finde, dass ihr beide maßlos übertreibt. Vielleicht wisst ihr ja auch nicht, worin mein Wert besteht. Ich möchte euch das nun einmal klarmachen. Meine Artgenossen und ich leisten Tag für Tag harte Arbeit unter der Erde. Wir sorgen dafür, dass der Erdboden aufgelockert und fruchtbar wird. Ohne uns würden viele Pflanzen nicht oder nicht so gut gedeihen. Ohne diese üppige Pflanzenwelt hätten viele Tiere nicht genügend Körner, Samen und Gräser zu fressen.« Dabei warf er dem Vogel einen Blick zu, um dann fortzufahren: »Außerdem dienen die Alten und Kranken von uns euch Vögeln auch als Nahrung, die ihr benötigt. Ohne uns müsstet ihr also Hunger leiden.«

Dann sprach er zum Fuchs: »Auch ihr Füchse müsstet ohne uns Regenwürmer Not leiden. Ohne die vielen saftigen, grünen Pflanzen würden alle Tiere verhungern, die auf eurem Speiseplan stehen. Was bliebe euch dann noch zu essen?«

Nach einer kurzen Weile fuhr er fort: »Spielt es denn überhaupt eine Rolle, wer von uns das wichtigste, mächtigste und schlauste Tier ist? Ihr seht, jeder von uns ist auf seine Art wichtig und mächtig. Ihr Füchse reißt doch vorwiegend die kranken oder verletzten Tiere und erspart ihnen damit, dass sie leiden müssen. Ihr Vögel erfüllt den ganzen Tag die Luft mit eurem herrlichen Gesang. Damit erfreut ihr Mensch und Tier. Uns hat die Natur andere Aufgaben zugewiesen. Aber sind unsere Aufgaben, die wir in Gottes Welt haben, nicht alle einzigartig und wichtig?«

Das ganz besondere Weihnachtsfest

Es war wieder einmal Heilig Abend.

Sabinchen war soeben beschert worden. Wieder einmal hatte es das Christkind viel zu gut mit ihr gemeint. Eilig und neugierig öffnete sie die vielen sorgfältig und liebevoll verpackten Geschenke. Es fehlte nichts von dem, was sie sich gewünscht hatte. Schon bald schien sie an den meisten ihrer Gaben kein rechtes Interesse mehr zu haben. Nach dem gemeinsamen Abendessen mit ihren Eltern brachte ihre Mutter sie wie an jedem Abend zu Bett. Die Mutter wollte ihr schon ihr Gutenachtküsschen geben, als sie sich noch einmal besann und sprach: »Du Sabinchen, ich möchte dir noch gern eine kleine Geschichte erzählen. Höre einmal gut zu!«

Dann begann die Mutter zu erzählen.

Es ist noch gar nicht so lange her. Ich war damals etwa zehn Jahre alt, also nur etwas älter, als du heute bist. Meine Brüder, deine Onkel Benjamin und Stefan, müssen dann wohl ungefähr acht und zwölf Jahre gewesen sein. Es war Adventszeit, kurz nach dem Nikolaustag. Wir saßen am frühen Abend noch mit unseren Eltern, also deinen Großeltern, im Wohnzimmer beieinander. Unser Vater legte seine Zeitung beiseite und fragte: »Na Kinder, habt ihr euch schon überlegt, was ihr euch in diesem Jahr vom Christkind wünscht?«

»Ja klar!«, rief Benjamin. »Ich möchte unbedingt einen eigenen Fußball haben, damit ich nicht immer darauf angewiesen bin, nur mit denen Fußball zu spielen, die einen besitzen. Dann brauche ich Rollschuhe, aber ganz tolle, dass alle anderen Kinder neidisch werden. Und ich hätte gern den kleinen Teddybär, den wir neulich im Spielzeugladen gesehen haben. Der ist so kuschelig! Dann brauche ich noch einen Berg Süßigkeiten und ... .« »Nun lass' die anderen aber auch einmal zu Wort kommen«, unterbrach Vater. »Was wünscht du dir denn, Christine?«, fragte er mich. »Ich möchte unbedingt endlich einen eigenen Computer haben, damit ich nicht immer den von Stefan benutzen muss. Der lässt mich ohnehin nur selten da dran. Dann brauche ich einen neuen, chicen Jogginganzug. Außerdem hätte ich gern ein schönes Buch über das Weltall, mit vielen farbigen Bildern. Sonst fällt mir im Moment nichts mehr ein. Ich muss noch ein wenig nachdenken«, entgegnete ich. Stefan wartete erst gar nicht, bis er nach seinen Wünschen gefragt wurde. Er legte gleich los: »Alle meine Freunde haben so tolle Abenteuerspiele für ihren Computer. Ich bin es leid, mir diese immer ausleihen zu müssen. Dann hätte ich gern ein ganz tolles Fahrrad, am besten ein Mountainbike oder ein Rennrad. Und mein Schulranzen ist an einigen Stellen ganz ausgerissen. Ich glaube, er lässt sich nicht mehr reparieren. Für ein paar überraschende Geschenke wäre ich auch dankbar.«

Vater schaute ein wenig grimmig, blieb aber gelassen, da er wohl nichts anderes erwartet hatte. Er murmelte: »Mal sehen, was sich machen lässt. Vielleicht hat das Christkind euch ja jetzt zugehört.« Verlegen lächelnd schaute er unsere Mutter an, um dann wieder gelangweilt in seiner Zeitung zu blättern. Unsere Mutter schien unsere Wünsche nicht so selbstverständlich und unwidersprochen entgegenzunehmen. Man spürte geradezu, wie sie nach den richtigen Worten suchte.

Nach wenigen Minuten Schweigens begann sie mit ruhiger, liebevoller Stimme: »Na, ihr habt ja eine Menge Wünsche! Man könnte ja meinen, dass ihr jetzt ganz arm und unglücklich seid, weil euch diese Dinge augenblicklich noch fehlen.« Wir wussten nicht so recht, was wir dazu sagen sollten. Bevor einer von uns Kindern etwas hätte antworten können, griff Vater ein: »Außerdem bin ich der Meinung, dass jeder von euch – ohne Ausnahme – sich einige Geschenke wünscht, derer es nicht bedarf. Benjamin möchte beispielsweise offensichtlich nur deshalb einen Fußball, weil er mit den Kindern nicht zurechtkommt, die einen besitzen und mit denen er spielen könnte. Du könntest dir ja einmal überlegen, warum du mit ihnen nicht zurechtkommst. Vielleicht kommen sie auch mit dir nicht zurecht. Möglicherweise liegt es ein wenig an dir. Und du, liebe Christine, wozu brauchst du einen eigenen Computer. Stefan besitzt einen, und der ist letztlich für euch alle da. Ihr müsst euch eben nur besser absprechen, wer von euch ihn wann benutzen möchte. Außerdem, wenn ihr ihn schon benutzt, könnt ihr auch einmal sinnvollere und lehrreichere Dinge tun, als Spiele anzustarten. Und wenn ich schon das Wort Abenteuerspiele höre, Stefan, das Leben ist ein Abenteuer. Abenteuer, die du mit Hilfe eines Computers zu erleben glaubst, haben nicht den gleichen Wert wie diejenigen, die du wirklich erlebst! Und wenn du schon hin und wieder dieser Leidenschaft nachkommen möchtest, was ist so schlimm daran, deine Freunde zu bitten, dir eines ihrer Spiele für ein paar Tage auszuleihen? Du hast ganz gewiss auch Sachen, die sie nicht besitzen und die du ihnen im Gegenzug ausleihen könntest.«

Meine Brüder und ich waren ganz still geworden. Selten hatten wir Vater so deutliche und ermahnende Worte sagen hören. Irgendwie waren wir betroffen. Einerseits waren wir arg enttäuscht, weil uns nun klar war, dass wir uns zumindest die von Vater erwähnten Wünsche abschminken konnten. Andererseits fühlten wir aber auch, dass er mit seinen Worten nicht ganz Unrecht hatte. »Außerdem«, fuhr Vater nach kurzer Pause fort, »solltet ihr mal über den Sinn des Weihnachtsfestes nachdenken.« Seine Stimme wurde jetzt lauter. Er wirkte verärgert. »Aber ich fürchte fast, das kann ich von euch noch nicht erwarten.« Er verließ kopfschüttelnd das Zimmer.

Mutter blieb noch. Es herrschte eisiges Schweigen. Noch nie zuvor hatten wir erlebt, dass unser Vater so außer sich war. Benjamin, der Jüngste, unterbrach die Stille: »Bekomme ich denn wenigstens den süßen, kuscheligen Teddybär, Mami?«, fragte er mit etwas weinerlicher Stimme. Mutter lächelte nur. »Was ist denn eigentlich der Sinn des Weihnachtsfestes?«, wollte ich nun wissen. »Nun, was vor 2000 Jahren in der Stadt Bethlehem geschehen ist«, begann Mutter, »muss ich sicherlich nicht erwähnen. Ihr wisst auch, dass die Hirten und die Könige, die das Jesuskind an der Krippe aufsuchten, ihm Gaben überreichten, um ihm zu huldigen. Wenn noch heute die Menschen anderen Leuten, besonders denen, die sie lieb haben, zu Weihnachten Geschenke machen, so ist das eigentlich ein Zeichen, eine Geste, eine Erinnerung an das, was damals geschah. Auf diese Weise möchten die Menschen sich auf die Geburt Jesu und auf alles, was dieser später für die Menschheit getan hat, besinnen. Wer sich recht besinnt, wird mit seinen Gaben nicht nur seine Familienangehörigen bedenken, sondern auch für arme und notleidende Menschen etwas übrig haben. Schließlich wuchs das Jesuskind in ärmlichsten Verhältnissen auf, und als Jesus später älter war, waren es insbesondere die Armen und Kranken, denen er seine Liebe schenkte.« Nach einer kurzen Pause fuhr Mutter fort: »Man muss auch gar nicht viel schenken; es soll wirklich nur eine Geste sein. Vielleicht habe ich damit noch nicht umfassend den Sinn des Weihnachtsfestes erklärt, aber ich hoffe, meine Worte kommen dem sehr nahe.«

Unsere Betroffenheit wuchs. Wir begannen, einiges zu verstehen. Wieder war Benjamin der erste, der seine Gedanken in Worte umzusetzen verstand: »Ich glaube, den Fußball brauche ich doch nicht. So übel sind die Jungen eigentlich gar nicht.« Nach kurzer Überlegung fuhr er fort: »Vielleicht können wir dieses Jahr zum Weihnachtsfest ja Oma einladen. Sie würde sich bestimmt riesig freuen.« »Langsam, mein Junge!«, entgegnete Mutter. »So leicht ist das leider nicht, auch wenn es eine glänzende Idee ist. Ihr wisst, Oma wohnt in Amerika, und sie kann es sich sicher nicht leisten, ein Flugticket zu bezahlen. Und so viel verdient Vater auch nicht, dass er ihr jedes Jahr eines schenken kann. Erst vor zwei Jahren hat er ihr einen Flug bezahlt.«

Jeder fand Benjamins Idee so gut, dass er überlegte, wie man es vielleicht doch bewerkstelligen könnte. Stefan meinte: »Wenn ich es mir recht überlege, tut es ja auch ein einfaches Fahrrad. Es muss weder ein

Mountainbike noch ein Rennrad sein. Mit dem ersparten Geld könnt ihr ja das Ticket bezuschussen.« Mutter lächelte zufrieden und sagte: »Ich glaube, ihr beginnt, den Sinn des Weihnachtsfestes zu verstehen. Ihr müsst zunächst nur die Augen aufmachen, um zu sehen, wem ihr an diesem Tage eine Freude machen könnt. Dann, wenn ihr lange genug darüber nachgedacht habt, werdet ihr auch einen Weg finden, euren Plan in die Tat umzusetzen. Ich bin mächtig stolz auf euch.« Es tat gut, von Mutter derart gelobt zu werden. Sie fuhr fort: »Noch habt ihr über zwei Wochen Zeit. Macht euch Gedanken, wem ihr welches Geschenk bereiten wollt. Wenn ihr Ideen oder Pläne habt, können wir jederzeit darüber sprechen. Ihr könnt euch meiner Unterstützung sicher sein. Vielleicht können wir eurem Vater auch eine Überraschung bereiten.«

Die Zeit verging. Es wurde Weihnachten. Der Heilige Abend begann wie jedes Jahr. Wir zogen uns alle festlich an und gingen gemeinsam in die Kirche. Anschließend mussten wir Kinder uns noch ein Weilchen gedulden, bis Vater uns mit einem Glöckchen kundtat, dass wir nun das Wohnzimmer betreten durften. Der Baum war wie in jedem Jahr festlich geschmückt. Nur die Flammen der vielen Kerzen schienen heller als sonst zu sein. Sie schienen vor freudiger Erregung zu flackern. Wir wünschten uns untereinander »Fröhliche Weihnachten« und packten unsere Geschenke aus. Benjamin bekam seinen Kuschelbär, Stefan seinen Schulranzen und ich das Buch übers Weltall mit vielen bunten Fotos. Ich habe es noch heute. Außerdem gab es für jeden einen Teller mit Süßigkeiten. Vater schaute überrascht und verwundert, dass wir uns über unser Geschenk freuten. Er befürchtete unsere Enttäuschung darüber, dass wir nicht alles bekamen, was wir uns gewünscht hatten. Auch konnte er seine freudige Überraschung über sein Geschenk nicht verbergen, das wir ihm machten. In den letzten Jahren bekam er von uns immer eine Krawatte. Dieses Mal haben wir für ihn ein wunderschönes Mobile für sein Arbeitszimmer gebastelt. Er freute sich riesig. Mutter stand nur da und lächelte wissend. Wir sangen gemeinsam zwei oder drei Weihnachtslieder. Dann erhob Vater das Wort: »Also Kinder, nochmals vielen Dank für das tolle Mobile. Es ist viel schöner als die, die man für viel Geld kaufen kann. Nun bin ich aber gespannt, welches Gedicht unser Jüngster dieses Jahr zum Vortrag bringen wird. Bitteschön, Benjamin!«

Benjamin trat ein paar Schritte vor, stellte sich mit dem Rücken zum Weihnachtsbaum, so dass er uns alle sehen konnte, und begann mit seinem Gedicht, das wir in den Tagen zuvor mit Mutter ersonnen hatten:

>»Ihr lieben Eltern, liebe Leute,
>das Weihnachtsfest feiern wir heute.
>Wir feiern's anders dieses Jahr,
>denn eines, das ist uns jetzt klar:
>Es kann nicht immer darum gehen,
>auf uns're Gaben nur zu sehen,
>wichtig ist, was wir verschenken,
>daran sollten wir stets denken.«

Vater schaute ungläubig, er war gerührt. Doch er konnte noch nicht alles verstehen. »Das hast du ganz prima gemacht, Benny«, lobte er. »Wo habt ihr dieses tolle Gedicht her? Ich kannte es noch gar nicht? Wirklich sehr, sehr schön! Ich bin richtig stolz auf meine Kinder. Nun aber wollen wir uns nicht entgehen lassen, was Mutter Gutes gekocht hat. Lasst uns speisen.«

Vater ging schon auf den festlich gedeckten Tisch zu, als er plötzlich stutzte: »Eins, zwei, drei ... Warum hast du denn so viele Plätze gedeckt?«, wollte er von Mutter wissen. »Warte noch ein Weilchen«, sagte sie freundlich lächelnd.

Nun kam Stefans Auftritt. Er ging zur Tür, die zur Diele führte, und bat eine alte, gebrechliche Frau einzutreten. Vater schaute verdutzt. »Ja, wer sind denn Sie, liebe Frau?«, fragte er freundlich. Die Frau wollte ihm gleich antworten. Doch es fiel ihr schwer zu sprechen. Mutter sprang für sie ein: »Das ist Frau Becker. Sie lebt in dem Altenheim gleich um die Ecke. Es war Stefans Idee, sie zu unserem Weihnachtsfest einzuladen. Sie hat keine Verwandten mehr und müsste den Heiligen Abend sonst ganz allein in ihrem tristen Zimmer verbringen. Wie findest du das?« Vater warf einen unglaublich stolzen Blick auf Stefan und geleitete Frau Becker an ihren Platz. Dann sprach er: »Willkommen, Frau Becker. Ich freue mich, dass Sie gekommen sind. Ich wünsche Ihnen und uns allen einen wunderschönen Abend.« Dann wandte er sich an Stefan: »Toll, mein Junge! Ich weiß jetzt, du hast viel mehr verstanden, als ich dir zugetraut habe.«

Noch bevor Vaters Verwunderung so recht verflog, ging ich zur Tür, um einer weiteren Dame Einlass zu gewähren. Es war unsere Oma, Vaters Mutter. Vater schaute ungläubig, um dann auf seine Mutter zuzustreben und sie auf das Herzlichste willkommen zu heißen. »Grüß' dich, Mutter!«, sagte er. »Die Überraschung ist dir wirklich gelungen. Zwei lange Jahre haben wir uns nicht mehr gesehen. Ich kann dir gar nicht sagen, wie ich mich freue. Aber wie konntest du dir das Flugticket leisten? Hast du in einer Lotterie gewonnen?«, wollte er wissen. »Nein, nein, mein Sohn!«, entgegnete sie. »Wir müssen uns bei deinen wundervollen Kindern bedanken, dass ich hier sein kann. Sie haben freiwillig auf die meisten Geschenke verzichtet, die sie sich gewünscht hatten. Von dem Ersparten hat ihre Mutter mir das Flugticket geschickt.« Nun wurde unserem Vater langsam klar, warum Mutter darauf bestand, jedem von uns nur ein Geschenk zu kaufen, obwohl das Geld für alle Geschenke bereit lag.

Vater, der vor Freude strahlte, bat uns, jetzt endlich Platz zu nehmen. »Einen Moment noch!«, rief Mutter. Nun ging Benny zur Tür und führte einen Mann herein. Man sah dem Mann deutlich an, dass das Leben es nicht immer gut mit ihm gemeint hatte. Vater schaute, als stünde er einem Geist gegenüber. Doch er fasste sich schnell und stammelte: »Mensch Freddy, bist du es wirklich! Ich kann es nicht glauben. Wie lange haben wir uns nicht mehr gesehen? Wo hast du die ganze Zeit nur gesteckt, mein lieber Freund? Wie oft habe ich versucht, dich aufzuspüren.« Die beiden umarmten sich lange. »Deine Kinder und deine Frau haben mich gefunden und zum Festschmaus eingeladen. Wir werden im Laufe des Abends sicherlich noch reichlich Gelegenheit haben, über alle diese Fragen zu reden«, antwortete der Mann, der früher Vaters bester Freund war und nach schweren Schicksalsschlägen in einem Heim für Obdachlose gelandet war.

Vater war fassungslos vor Glück und freudiger Erregung. Er schämte sich nicht seiner Tränen. »Mensch Kinder!«, sprach er. »Ich kann euch gar nicht sagen, wie ich mich freue, dass ihr alle hier seid, um mit uns gemeinsam Weihnachten zu feiern.« Dann nahm er Mutter liebevoll und zärtlich in den Arm und wandte sich an uns: »Ich bin dermaßen stolz auf euch, dass ich es gar nicht in Worte zu fassen vermag. Ich glaube, ihr habt den Sinn des Weihnachtsfestes wirklich begriffen.«

Der »grüne Gerd«

In einem Dorf lebten viele Kinder. Da die meisten in etwa gleichaltrig waren, hatte also jeder genügend Spielkameraden. Jeden Tag spielten die Kinder – oft stundenlang – miteinander, sobald sie ihre Hausaufgaben für die Schule erledigt hatten. Sie spielten Ball, Fangen, Verstecken, Räuber und Gendarm und noch mancherlei andere Spiele. Die Kinder kamen recht gut miteinander aus.

Nur eines der Kinder, einen zehnjährigen Buben namens Gerd, ließen sie nie mitspielen. Er stand immer traurig in der Nähe und schaute den anderen beim Spielen zu. Er litt sehr darunter, nicht mit den Kindern spielen zu dürfen. Gerd war etwas anders als die übrigen Kinder. Er war ziemlich klein, und seine Haut war grün wie frisches Gras. Er sah ein wenig aus wie ein Marsmännchen. Natürlich war er keines, falls es solche überhaupt geben sollte. Keiner konnte sich so recht erklären, warum er eine grüne Hautfarbe hatte. Selbst seine Eltern schauten ganz normal aus.

Wann immer die anderen Kinder sich trafen, um miteinander zu spielen, bat er stets wieder: »Ach bitte, lasst mich doch auch mit euch spielen!« Doch diese hörten seine Bitte nicht. Oft spotteten sie: »Wir spielen nicht mit Grünen. Gehe doch zu deinen grünen Männchen und spiele mit ihnen.« So ging es Tag für Tag, Woche für Woche, Monat für Monat.

Eines Tages fasste Gerd wieder einmal Mut und bat die anderen Kinder, mitspielen zu dürfen. Und wieder wurden einige nicht müde, ihn zu verspotten und seine Bitte höhnisch abzuweisen. Nur eines der Mädchen, sie hieß Johanna, schien ein wenig Mitleid mit Gerd zu haben. Sie meinte zu den anderen: »Vielleicht sollten wir ja einmal versuchen, ihn mitspielen zu lassen. Für unser Spiel könnten wir noch gut ein weiteres Kind brauchen.« Doch sie stieß auf taube Ohren. »Lieber fehlt uns ein Spielkamerad, als dass wir den Grünen mitspielen ließen. Der ist keiner von uns«, sagte einer der Jungen. Johanna ließ nicht locker: »Aber er kann doch genau so wenig etwas dafür, dass er grün ist, wie wir etwas dafür können, dass wir weiß sind.« Einige der anderen wurden ein wenig nachdenklich. Doch Dieter, der als ältestes der Kinder deren Anführer war, sagte nur: »Wir wollen mit dem nichts zu tun haben. Jetzt komm' endlich, damit wir anfangen können.«

Johanna war enttäuscht. »Wartet noch ein Weilchen. Ich bin gleich wieder da«, sprach sie und lief eilig nach Hause. Die übrigen Kinder warteten ungeduldig auf ihre Rückkehr, um mit dem Spielen beginnen zu können. Endlich, nach etwa einer halben Stunde sah man sie von weitem zurückkommen. Ja, aber war das überhaupt Johanna? Wie sah sie denn aus? Sie war ja ganz grün im Gesicht. Auch ihre Hände waren grün wie Gras. Johanna hatte sich in der Zwischenzeit daheim ihr Gesicht und ihre Hände mit grüner Wasserfarbe angemalt. Sie sah nun genauso aus wie Gerd.

»Auf geht's! Lasst uns endlich anfangen!«, rief sie, wie wenn nichts gewesen wäre. Einige der Kinder stutzten. Dann ergriff Dieter das Wort: »Du glaubst doch wohl nicht, dass wir mit einer Grünen spielen!

Lieber verzichten wir auf einen Mitspieler. Du kannst ja mit dem anderen Grünen spielen.« Dann ermunterte er die übrigen, endlich mit dem Spiel zu beginnen. Während die Kinder spielten, gesellte sich Johanna zu Gerd. Die beiden unterhielten sich sehr angeregt. Es wurde langsam dunkel. Bevor die Kinder nach Hause gingen, sagte Dieter in bestimmendem Ton: »So, Morgen treffen wir Weißen uns wieder um Punkt vier Uhr.«

Es wurde Morgen, es wurde vier Uhr. Dieter war als einziger pünktlich und freute sich schon auf das gemeinsame Spielen. »Wo bleiben denn nur die anderen?«, dachte er. Plötzlich kamen sie. Doch was war das? Alle schauten aus wie kleine Marsmännchen. Alle Kinder, natürlich bis auf Gerd, hatten sich mit grüner Wasserfarbe Gesicht und Hände angemalt. »Ja, spinnt ihr jetzt alle?«, schrie Dieter. Doch er beruhigte sich schnell, da ihm klar wurde, dass er nun der einzige Weiße war. »Also gut! Ausnahmsweise dürft ihr alle heute mitspielen. Aber Morgen will ich hier keine Grünen mehr sehen. Lasst uns endlich anfangen«, meinte er.

»Ja, lasst uns anfangen«, sagte Johanna. »Aber ohne dich, Dieter!«, fügte einer der anderen Jungen hinzu. »Wir spielen nicht mit einem Weißen. Du kannst uns ja gern beim Spielen zuschauen, wenn du magst.« Und so kam es dann auch. Die Grünen spielten ausgelassen und fröhlich miteinander. Natürlich durfte Gerd mitspielen. Schließlich war er ja auch ein Grüner. Dieter stand ungläubig und traurig da und schaute ihnen zu. Die Kinder schienen noch mehr Spaß an ihren Spielen zu haben als üblich.

Am nächsten Tag fanden sich wieder alle Kinder um Punkt vier Uhr an ihrem Treffpunkt ein. Die Kinder hatten sich mittlerweile längst die Wasserfarbe von Gesicht und Händen abgewaschen. Nur, man mochte es kaum glauben, Dieter sah aus wie ein Marsbewohner. Er schaute verdutzt, weil er und Gerd jetzt die einzigen Grünen waren. Vorsichtig fragte er: »Dürfen Gerd und ich mitspielen?« »Selbstverständlich!«, entgegnete Johanna. »Wir haben nichts gegen Grüne oder solche einzuwenden, die anders sind als wir. Lasst uns endlich anfangen!«

Wie sieht der »liebe Gott« aus?

An einem langen Winterabend saßen die Eltern mit ihren drei Kindern, Gerda, Ulla und Franz, vor dem Kamin ihres Wohnzimmers. Der Vater las den Kindern eine Geschichte vor, in der der liebe Gott eine gewichtige Rolle spielte.

Nachdem der Vater mit dem Vorlesen geendet hatte, wollte Ulla plötzlich wissen: »Du Papi, gibt es den lieben Gott wirklich?« »Ja selbstverständlich gibt es ihn!«, antwortete der Vater mit ruhiger, freundlicher Stimme. »Aber warum gibt es dann so viele Erwachsene, die behaupten, es gäbe ihn gar nicht?«, legte Ulla nach. »Nun, das sind neunmalkluge Menschen, solche, die nur das glauben können, was sie auch wirklich mit ihren eigenen Augen sehen«, entgegnete der Vater. Die Mutter fügte hinzu: »Diese Leute sind eigentlich ganz arme, bedauernswerte Geschöpfe.«

»Der liebe Gott ist doch allmächtig. Er kann doch alles bewerkstelligen, was er will. Warum zeigt er sich dann uns Menschen nicht, damit jeder sieht, dass es ihn gibt?«, fragte Franz und kam sich dabei recht schlau vor. »Das ist eine ziemlich schwierige Frage, mein Sohn!«, antwortete der Vater. »Wie oder in welcher Form sollte er sich deiner Meinung nach denn den Menschen zeigen?« »Da der liebe Gott etwas ganz besonderes ist, müsste er als Raumfahrer in einem glänzenden, silbernen Astronautenanzug erscheinen und mit klarer, lauter Stimme sprechen«, meinte Franz forsch. »Ach was!«, sagte Gerda. »Er müsste als eine wunderschöne Frau mit langen, schwarzen Haaren auf einer weißen Wolke erscheinen und seine Botschaft mit einer herrlichen Stimme singend verkünden.« Die kleine Ulla fügte altklug hinzu: »So schaut doch der liebe Gott nicht aus! Er müsste als Engel mit weißem Gewand, goldenen Haaren und Flügeln am Himmel schweben, von vielen kleinen, süßen Engeln begleitet. Einer der Engel müsste in eine Posaune blasen, bevor der liebe Gott zu den Menschen spricht.«

Der Vater dachte ein wenig nach, bevor er weiter-sprach: »Ihr habt alle drei Recht, wenn ihr sagt oder glaubt, der liebe Gott sei etwas ganz besonderes und müsse daher auch als etwas ganz besonderes erschei-nen, damit die Menschen glauben können, dass es ihn gibt. Nur zeigen eure Beispiele sehr gut, dass für jeden Menschen ›etwas ganz besonderes‹ etwas völlig ande-res bedeuten kann. Würde er also als Astronaut auf-kreuzen, würden Gerda und Ulla nicht glauben, dass er es ist. Käme er als wunderschöne Frau mit langen, schwarzen Haaren, würden Ulla und Franz ihn nicht für den lieben Gott halten. Schließlich würden Gerda und Franz an ihm zweifeln, wenn er als Engel erschei-nen würde. Ihr seht, es ist sogar für den lieben Gott un-möglich, sich in einer Form zu zeigen, die keine Zwei-fel mehr übrig ließe.«

»Er könnte ja auch«, fügte die Mutter hinzu, »als Bettler auftreten. Oder er könnte so wie vor 2000 Jahren als Menschenkind in ärmlichste Verhältnisse hineingeboren werden. Dann würde vermutlich keiner glauben, dass es der liebe Gott wäre. Das wäre so ähnlich wie wenn ein Mann in ärmlicher, schmutziger Kleidung daherkommen würde. Einem solchen würde man auch nicht abnehmen, dass er ein reicher Mann oder vielleicht sogar ein König ist.«

Der Vater setzte seine Ausführungen fort: »Irgendwie hat doch jeder Mensch so seine eigenen Vorstellungen, wie der liebe Gott aussehen müsse. Würde er nun nicht als Engel erscheinen, wie Ulla sich das vorstellt, würde sie niemals glauben, dass er es wirklich ist.« Die Mutter ergänzte den Vater: »Nehmen wir einmal an, der liebe Gott würde sich wirklich als Raumfahrer offenbaren, wie Franz sich das wünscht. Dann würden Franz und viele andere Leute glauben, dass er es ist, weil er genau so aussieht, wie es ihren Vorstellungen entspricht. Käme der liebe Gott dann ein anderes Mal in einer gänzlich anderen Gestalt, wären diese Menschen sicher, dass es nicht er sein könnte.«

Die Kinder waren ruhig und nachdenklich geworden. Sie waren nicht ganz sicher, ob sie die Worte der Eltern verstanden hatten. Nach einer Weile fragte Gerda: »Ich glaube schon, verstanden zu haben, was ihr sagt. Aber irgendwie finde ich das schade. Gibt es denn gar keine Möglichkeit, den lieben Gott zu sehen oder wahrzunehmen?« »Oh doch! Es gibt eine Möglichkeit«, antwortete der Vater. »Du musst dich nur umsehen. Du musst nur die Augen aufmachen. Alles, was du sehen kannst, ist von ihm erschaffen und somit ein Teil von ihm. Wie könnte er sich besser unseren Augen offenbaren, als uns Tag für Tag alles zu zeigen, was ihn in seiner ganzen Größe ausmacht? Auch kannst du seine Stimme vernehmen. Du musst nur dem Säuseln des Windes, dem Rauschen eines Baches oder dem Gesang eines Vogels lauschen. Leider verstehen die meisten Menschen das nicht.«

Die Mutter fügte noch einmal hinzu: »Das, was Vater sagt, ist völlig richtig. Aber der liebe Gott offenbart sich nicht nur in der äußeren Welt, die wir mit unseren Augen und Ohren erfassen können. Der liebe Gott ist alles, nicht nur das Sichtbare, auch das Unsichtbare. Am leichtesten findet ihr ihn, wenn ihr in euch hineinhorcht. Er spricht andauernd zu euch und zu allen Menschen. Wenn ihr eure edelsten und liebevollsten Gedanken hegt, wenn ihr eure erhabensten Gefühle vernehmt, vernehmt ihr seine Stimme.«

Die selbst gebauten Gefängnisse

In einer kleinen, sehr schönen Stadt in einem der schönsten und reichsten Länder der Erde lebten wohlhabende und zufriedene Menschen. Sie hatten alle eine Arbeit, die ihnen Spaß machte und sie verdienten genügend Geld, um sich und ihren Familien ein sorgenfreies Leben bereiten zu können.

Sie wohnten in einer vornehmen Siedlung, in der jede Familie ihr eigenes geräumiges Haus besaß, das nichts zu wünschen übrig ließ. Die Häuser waren von großen Gärten umgeben, in denen Gemüse, Obstbäume, Sträucher und Blumen aller Art gediehen. Die Menschen gingen morgens zur Arbeit oder zur Schule, um nachmittags freudig in ihr Haus zurückzukehren. Die Väter waren bestrebt, immer mehr Geld zu verdienen, um sich noch mehr Dinge leisten zu können. Vielen gelang dieses, manchen weniger. Sie kauften sich immer mehr Sachen, Genussmittel und auch so mancherlei unnützes Zeug, das sie in den Kammern ihrer viel zu großen Häuser horteten. Jeder war stolz auf das, was er geleistet hatte und auf das, was er besaß.

Man interessierte sich wenig für die Menschen, die nicht zur eigenen Familie zählten. Nachbarn wurden kurz, aber freundlich gegrüßt, wenn man sie einmal zu Gesicht bekam. Man schätzte es gar nicht, wenn diese einmal über den Gartenzaun auf ihr eigenes Grundstück oder gar in die eigene Wohnung schauten. Irgendwie schienen alle Angst zu haben, die anderen könnten vielleicht sehen, was man so alles besaß oder aber auch nicht besaß. Keiner wollte sich in die Karten sehen lassen. Auch fürchtete man, dass die anderen einem womöglich etwas stehlen könnten.

Einer der Nachbarn machte einen besonders neugierigen Eindruck. Immer wieder stand er an der Grundstücksgrenze zu seinen Nachbarn und wartete auf die Gelegenheit, mit ihnen ins Gespräch zu kommen. Er war der einzige, der auch an anderen Menschen Interesse bekundete, der mit anderen Menschen reden wollte. Eines Tages wurde es einem der Angrenzer zu bunt. Er errichtete rund um seinen Garten eine dicke mannshohe Mauer aus schweren Ziegelsteinen. So hatte der neugierige Nachbar beim besten Willen keine Möglichkeit mehr zu sehen, was sich in Haus und Garten so alles abspielte, was es dort zu sehen und auch nicht zu sehen gab. Er ließ in der Mauer nur eine Öffnung, die er mit einem schmiedeeisernen Tor verschloss, durch das er das Grundstück verlassen konnte, wenn dieses nötig war.

Die anderen Nachbarn waren von dieser Idee begeistert. Es vergingen keine zehn Tage, bis alle anderen eine ähnlich breite und hohe Steinmauer um ihr Grundstück herum errichtet hatten. Nur der etwas neugierige Nachbar griff nicht zu dieser Maßnahme. Aber er fühlte sich durch die Mauern seiner Nachbarn natürlich auch eingesperrt. Immerhin umgaben ihn die Mauern nur von drei Seiten. Die Seite, die zur Straße führte, war nur durch einen normalen Gartenzaun begrenzt.

Dass die Menschen sich jetzt noch seltener zu Gesicht bekamen, schien kaum einen zu stören. Die meisten waren zufrieden. Doch eines Tages sah der Mann, der mit dem Bau der Mauer angefangen hatte, wie jemand durch die Ritzen seines Eisentores in seinen Garten lugte. Das verunsicherte ihn völlig und machte ihn sehr zornig. Sofort begab er sich an die Arbeit, das Tor zu entfernen und die Öffnung zuzumauern, damit etwas derartiges nie wieder passieren könnte. Dafür nahm er gern in Kauf, dass er jedes Mal, wenn er sein Grundstück verlassen musste, eine Leiter benötigte, um die Mauer zu überwinden. Schließlich gab die Mauer ihm die Sicherheit, die er sich wünschte. Es dauerte nur wenige Tage, bis alle anderen seinem Vorbild folgten. Alle Grundstücke waren jetzt von torlosen mächtigen Mauern umgeben.

Einige Zeit später beobachtete einer der Nachbarn, wie ein anderer auf seine Mauer geklettert war, um in seinen Garten hineinzusehen. Gleich am nächsten Tag kaufte er sich Unmengen von Steinen und Mörtel, um die Mauer ringsum doppelt, ja dreimal so hoch zu bauen. Die anderen eiferten dieser Tat unverzüglich nach. Wenn jemand aus einem Flugzeug heraus einen Blick auf die Siedlung warf, musste er den Eindruck gewinnen, als stünden dort nur lauter große Schornsteine. Den Menschen fiel es immer schwerer, die hohen Mauern zu überwinden, um zur Arbeit oder in die Schule gehen zu können. Aber das nahmen sie gerne auf sich. Es vergingen viele Monate, und die meisten waren zufrieden, ja irgendwie sogar stolz.

Eines Tages wurde ein Mann gesichtet, der auf das Dach seines Hauses gestiegen war, um einen Blick in den Garten seines Nachbarn werfen zu können. Rasend vor Zorn besorgte der Beobachtete sich unvorstellbare Mengen an Steinen und Mörtel, um unverzüglich seine Mauer noch höher zu machen. Schon am nächsten Tage folgten die meisten seinem Beispiel. Alle fühlten sich jetzt sicher und unbeobachtet. Man war zufrieden. Alle Mauern waren jetzt so hoch, dass sie fast den Himmel zu berühren schienen.

Natürlich war es jetzt den Menschen nicht mehr möglich, ihr eigenes Grundstück zu verlassen. So hohe Leitern oder so lange Stricke gab es nicht. Doch das störte keinen. Schließlich waren sie nun sicher und behütet. Als sie noch zur Arbeit gehen konnten, hatten sie ja genügend Dinge, auch Essbares, gehortet. Das würde leicht reichen, um den Winter, der nun begann, bestens überstehen zu können. Tatsächlich kamen alle Familien so gut über den Winter. Doch die Nahrungsvorräte versiegten langsam. Das jagte aber keinem Furcht ein. Sie alle wussten, dass sie in ihren Gärten genügend Obstbäume und Beerensträucher hatten. Außerdem reichten die Flächen aus, um genügend Gemüse, Kartoffeln und Salat anbauen zu können. Das würde nicht nur für den Sommer ausreichen, dachten sie, sondern auch genügend Vorräte für den nächsten Winter und den folgenden Frühling abwerfen. Sie sorgten sich nicht.

Hätte man im Frühjahr in die Gärten hineinschauen können, hätte man alle Familien dabei beobachten können, wie sie alles unternahmen, um eine reiche Ernte im Sommer vorzubereiten. Nach getaner Arbeit lehnten sie sich zufrieden zurück. Sie wussten, die Vorräte würden noch bis zur Erntezeit reichen und dann nach der Ernte hätte man ausreichend frische Nahrung für das kommende Jahr. So warteten sie geduldig und siegessicher auf den Sommer.

Der Sommer kam. Aber was war mit den Bäumen und Sträuchern los? Was war mit dem geworden, was sie angebaut hatten? Die Bäume und Sträucher waren völlig verdorrt. Sie trugen nicht einmal Blätter, geschweige denn Früchte. Da, wo Gemüse, Kartoffeln und Salat wachsen sollten, sah man nur schwarze, leblose Erde. Die Menschen verstanden nicht, wie das passieren konnte.

Nun, die Mauern waren so riesig hoch, dass die Sonne nur ein paar Minuten täglich ihre Strahlen in die Gärten schicken konnte. Diese kurze Zeit war nicht ausreichend dafür, dass irgendwelche Bäume oder Pflanzen gedeihen konnten.

Nur der Garten des neugierigen Nachbarn brachte eine reiche Ernte ein. Sein Garten war ja nur von drei Seiten eingemauert. Die Seite nach Süden, die zur Straße führte, lud die Sonnenstrahlen ein, alle Bäume, Sträucher und Pflanzen mit ihrem Licht und ihrer Wärme zu verwöhnen. Sie trugen viel mehr Obst und Früchte als je zuvor. Wenn der Wind günstig wehte, konnte er trotz der hohen Mauern das Klagen und die Hilferufe seiner Nachbarn gut vernehmen. Zu gern hätte er sie mit dem Ertrag seiner Ernte versorgt, der für alle ausgereicht hätte. Aber die Mauern waren einfach zu hoch.

Der Apfelkrieg

Vor nicht einmal allzu langer Zeit lebte ein etwa vierzehnjähriger Junge mit seinen Eltern in einem sehr schönen Haus, das von einem riesigen Garten umgeben war. In dem Garten standen Apfel-, Birnen-, Pflaumen- und Kirschbäume, die seit Jahrzehnten sehr viel mehr Früchte trugen, als die gesamte Familie verzehren konnte. Dem Haus sah man noch an, dass es früher einmal ein großer Bauernhof war.

Das Haus und der Garten waren sehr gepflegt. Nur die Stallungen, die seit langem nicht mehr benötigt wurden, machten einen etwas verwahrlosten, ja traurigen Eindruck. In einem dieser Ställe, in dem vor Jahren noch Schweine untergebracht waren, hauste ein alter Mann. Der Stall war mehr schlecht als recht zu einer Wohnkammer umfunktioniert. Außer einem Bett, einem Schrank sowie einem kleinen Tisch mit Stuhl gab es hier nichts.

Der Alte lebte sehr scheu und zurückgezogen. Er traute sich nur selten aus seiner Behausung heraus. Da die Eltern des Jungen ihm verboten hatten, diesen aufzusuchen, bekam er den Alten nur äußerst selten zu Gesicht.

Der Junge kam sehr gut mit seinen Eltern aus. Insbesondere zu seiner liebevollen Mutter hatte er ein sehr inniges Verhältnis. Sein Vater war eine starke Persönlichkeit, die genau wusste, was sie wollte. Er war es, der die Geschicke der Familie lenkte und leitete. Er hatte auf jede Frage, die der Junge ihm stellte, eine passende Antwort zur Hand. Er gehörte zu den Menschen, die zu allem eine klare Meinung hatten, die alles wussten oder vielleicht auch nur zu wissen glaubten.

Eines schönen Sommertages saß die Familie auf der Terrasse und trank Kaffee. Dazu gab es frischen Pflaumenkuchen, den die Mutter gerade gebacken hatte. Während sie so dasaßen, sah der Junge von weitem, dass der Alte seinen Stall verließ, um offensichtlich ein paar Sonnenstrahlen abzubekommen. Es war eines der seltenen Male, dass der Junge den Alten so richtig sehen und beobachten konnte. Dabei fiel ihm erstmals auf, dass der Alte seinen linken Arm nicht richtig bewegen konnte. Er schien steif zu sein.

Die Mutter sah, dass ihr Sohn das bemerkt hatte und ging mit der Begründung, frischen Kaffee aufzubrühen, in die Küche. Der Junge wandte sich an seinen Vater: »Du Papa, der arme Mann hat ja einen steifen Arm! Weißt du, wie das passiert ist? Hatte er früher einmal einen Unfall?« Diese Aufforderung zum Report ließ sich der Vater nicht entgehen. Mit erhobener Stimme setzte er ein: »Ja, weißt du das etwa nicht? Kennst du die Geschichte gar nicht? Ich habe sie dir, als du noch klein warst, bestimmt viele Male erzählt.« »Ich kann mich beim besten Willen nicht erinnern«, erwiderte der Junge. »Also, dann pass´ einmal auf!«, fuhr der Vater fort, der stolz und glücklich zu sein schien, dass sein Sohn ihm endlich von sich aus diese Geschichte abverlangte. »Es war vor über zwanzig Jahren, als mein Vater, dein Großvater hier noch Bauer war und das Sagen hatte. Der Kerl da war als sein Knecht bei ihm beschäftigt. Er hatte eine wunderschöne Kammer, direkt neben dem Kuhstall, die er kostenfrei bewohnen durfte. Diese Kammer war komfortabler als die Zimmer, in denen meine Eltern und wir Kinder schliefen. Auch bekam er von meiner Mutter täglich mindestens drei Mahlzeiten, Brot, Käse, Kartoffeln, Wurst, Fleisch, Obst, Milch und was so einer sonst noch alles braucht. Auch wurde er für seine Arbeit reich entlohnt. Eines Tages – es war Ende August, draußen dämmerte es schon – beobachtete mein Vater den Schurken dabei, wie er gerade einen unserer Apfelbäume plündern wollte. Mein Vater, der ein genauso kräftiger Bursche wie ich war, sprang sofort auf, brach einen Ast vom Baum ab und prügelte damit auf den Kerl ein, um den Diebstahl zu verhindern.«

»Was? Er hat ihn gleich so schwer verprügelt, dass er seitdem seinen Arm nicht mehr bewegen kann!«, fragte der Junge mit verständnislosem Blick. »Ja was glaubst du denn! Bei so einem darf man nicht zimperlich sein. Da helfen gute Worte nichts. Wäre dein Großvater da großzügig gewesen, hätte er uns von dem Tage an dauernd bestohlen. Möglicherweise hätten wir dann hungern müssen«, sprach der Vater mit oberlehrerhaftem Ton. »Aber man darf doch einen Menschen nicht so übel zurichten, nur weil er sich ein paar Äpfel nehmen wollte«, entgegnete der Sohn. »Hast du eine Ahnung«, posaunte der Vater. »Solchen Typen musst du sofort die Grenzen aufzeigen, sonst nehmen die sich alles, was nicht niet- und nagelfest ist. Ich bin mächtig stolz auf meinen Vater, dass er so forsch und mutig war. Er musste es tun, für seine Familie! Sonst wären wir am Ende noch die Dummen gewesen. Auch mein Vater wusste, dass er das einzig Richtige tat. Bis kurz vor seinem Tod sprach er immer wieder voller Stolz über seine mutige Tat, die seiner Familie so viel Schlimmes erspart hat. Ich bewunderte ihn dafür. Als er dann tot war, habe ich seiner Tat noch einen draufgesetzt. Ich habe den Alten aus seiner gemütlichen Kammer in den Schweinestall verwiesen. Dort ist es gut genug für ihn. Wenn es ihm nicht passt, kann er sich ja eine andere Bleibe suchen«, lachte der Vater höhnisch. »Auch du solltest stolz auf mich und deinen Großvater sein. Ohne unseren Einsatz wären wir heute vielleicht obdachlos oder schon längst verhungert«, setzte er hinzu.

Der Junge stand schweigend auf. Er konnte nicht glauben, was er soeben gehört hatte. Er schaute in die Augen seiner Mutter, die mittlerweile wieder an den Tisch zurückgekehrt war. Ihrem Blick glaubte er entnehmen zu können, dass sie es ebenso wenig verstand wie er. Mit einer Kopfbewegung gab sie ihrem Sohn zu verstehen, um des lieben Friedens willen nicht weiter nachzuhaken.

Der Junge war sprachlos. Er konnte nicht glauben, dass sein eigener Großvater und sein eigener Vater zu solch überzogenen Strafmaßnahmen fähig waren. Doch er war einfach zu fassungslos, als dass er jetzt seinem Vater noch etwas hätte entgegnen können. »Ich kann das nicht verstehen«, murmelte er immer wieder und verließ den Kaffeetisch. »Ja, was hättest du denn gemacht? Du hättest dich wohl verkrochen und dich ausrauben lassen, du Memme!«, rief der Vater ihm spöttisch nach.

Der Junge ergriff am folgenden Tag die erstbeste Gelegenheit, den Alten in seinem Stall aufzusuchen, ohne dass seine Eltern es bemerkten. Der Alte war völlig verschreckt und hielt schützend seinen unversehrten Arm vors Gesicht. Doch er merkte bald, dass der Junge ihm freundschaftlich gesonnen war. Der Junge, der dem Alten übrigens einen Korb mit frischen Früchten mitbrachte, bat den Mann, ihm die ganze Geschichte aus seiner Sicht zu erzählen. Der Alte willigte ein und begann zu erzählen. Er bestätigte, dass er schon als junger Mann auf dem Bauernhof der Großeltern des Jungen anheuerte und dort lange Zeit als Knecht arbeitete. Er fuhr fort: »Deine Großeltern waren eigentlich immer fair und nett zu mir. Sie waren froh, eine tüchtige Hilfe gefunden zu haben. Entlohnt wurde ich nur mit sehr wenig Geld, es gab jeden Sonntag nur ein paar Pfennige. Das war aber normal und völlig in Ordnung. Schließlich konnte ich in einer kleinen, aber gemütlichen Kammer neben dem Kuhstall kostenlos wohnen. Auch das Essen wurde mir gestellt. Zweimal täglich brachte mir die Bäuerin meine Mahlzeit, meistens Brot mit Milch und etwas Käse, manchmal auch eine warme Suppe. An Feiertagen bekam ich sogar auch eine Scheibe vom Schweine- oder Ochsenbraten. Nun gut, die Mahlzeiten mögen ausreichend gewesen sein für einen Menschen, der nicht hart arbeiten muss. Aber ich musste hart, sehr hart arbeiten. Pro Tag schuftete ich bis zu sechzehn Stunden im Stall und auf dem Feld. Für diese schwere Arbeit reichte das Essen nicht aus. Oft bat ich deine Großeltern, mir doch etwas größere Portionen zu geben. Doch sie lehnten jedes Mal freundlich ab, weil sie der Meinung waren, dass das ausreichend sei, was sie mir gaben. Auch den Spruch, dass man mit vollem Bauch nicht gut arbeiten könne, hörte ich des Öfteren. Im Winter war das sehr schwer für mich. Doch im Sommer gab es ja die vielen Obstbäume in eurem Garten, die du heute noch sehen kannst. Sie trugen immer so viel, dass es für das halbe Dorf gereicht hätte. Deine Großeltern verkauften alle Früchte, die sie nicht selbst verzehren konnten. Es wäre ihnen nie in den Sinn gekommen, mir auch nur mal einen Apfel zu schenken. So schlich ich mich in der Dunkelheit oft aus meiner Kammer, um mir ein paar Äpfel oder Birnen zu pflücken, die meinen Hunger stillen sollten. Da ich wirklich Hunger hatte, habe ich das nicht als etwas Schlimmes betrachtet. Eines weniger schönen Tages erwischte mich dein Großvater, als ich mir gerade einen Apfel pflücken wollte. Ohne mir die Chance zu geben, etwas zu meiner Verteidigung sagen zu können, drosch er minutenlang wutentbrannt auf mich ein. Er beschimpfte mich mit Worten, die ich zuvor noch nie gehört hatte. Er fühlte sich völlig im Recht. Durch diese Prügel kann ich bis heute meinen linken Arm nicht mehr bewegen. Natürlich war ich durch diese Behinderung auch keine vollwertige Arbeitskraft mehr. Das machte deinen Großvater so wütend, dass er mich fast täglich beschimpfte und meine Portionen noch mehr kürzte. Und wie du vielleicht weißt, hat mich dein Vater Jahre später sogar noch aus meiner Kammer in den Schweinestall verbannt. Aber man gewöhnt sich an alles. Wo sollte ich denn sonst auch hin?«

Man sah dem Jungen seine Betroffenheit an. Er legte liebe- und verständnisvoll seine Hand auf den steifen

Arm des Alten und wollte ihm etwas Tröstendes sagen. Doch er fand keine Worte. Bevor der Junge sich freundlich verabschiedete, sagte er dem Alten zu, ihn ab jetzt häufiger zu besuchen.

Da sein Vater gerade nicht im Hause war, ergriff er die Gelegenheit, mit seiner Mutter über diese Angelegenheit zu sprechen. Ihn beschlich die Befürchtung, dass sie doch so ähnlich darüber denken könnte wie sein Vater. Doch schon nach wenigen Worten und Blicken seiner Mutter wurde ihm klar, dass seine Sorge unberechtigt war. »Weißt du, mein Junge«, sagte die Mutter, »für mich ist das, was passiert ist, ebenso schlimm und unverständlich wie für dich. Aber ich kenne deinen Vater sehr lange und sehr gut. Auch seinen Vater, deinen Großvater, habe ich gut gekannt. Sie gehören nun einmal zu denjenigen Menschen, die zu allem und jedem eine klare, unverrückbare Meinung haben. Wenn jemand anderer Meinung ist, versuchen sie, ihm mit deutlichen Worten und drastischen Mitteln ihre Meinung klarzumachen. Oft handelt es sich dabei nicht einmal um ihre eigene Meinung, sondern um die eines anderen Menschen, den sie bewundern, dem sie vertrauen. Diese Meinung übernehmen sie und machen sie zu der ihrigen. Das halten sie für Stärke, für Treue, für folgerichtiges Handeln.« »Ja, aber das ist doch ganz schrecklich!«, erwiderte der Junge. »Wenn viele Menschen so denken und handeln würden, gäbe es doch nur noch Streit und Krieg auf der Welt!«

Nach kurzem Überlegen fuhr er fort: »Andererseits finde ich es schon gut, wenn jemand immer das tut, was er für richtig hält. Jeder Mensch muss wissen, was richtig und was falsch ist. Jeder braucht seine eigene Meinung.« Darauf sagte die Mutter: »Das mag sicherlich so sein. Nur solltest du dich einmal fragen, woher ein Mensch wissen kann, was in einer bestimmten Angelegenheit richtig und was falsch ist. Ist etwas schon deshalb richtig, weil andere Menschen dieser Meinung sind? Diese Frage musst du dir einmal ernsthaft stellen.«

Der Junge wurde immer nachdenklicher, bevor er weitersprach: »Nehmen wir einmal an, einer meiner Mitschüler stiehlt mir mein Pausenbrot. Das ist doch ganz gewiss falsch. Das darf er doch nicht. Also ist es doch auch richtig, wenn ich mich zur Wehr setze. Ich muss ihn ja nicht gleich verprügeln.« »So denken zweifelsohne die meisten Menschen. Aber wäre es denn nicht denkbar, dass dein Freund gute Gründe zu haben glaubt, dir dein Brot wegzunehmen. Vielleicht sind seine Eltern arm und er hat schon lange nichts mehr zu essen bekommen. Nur weil ein Mensch etwas tut, was falsch zu sein scheint, muss er noch kein schlechter Mensch sein, der bestraft gehört«, entgegnete seine Mutter. »Ja, aber wie kann ich wissen, dass er mir das Brot nur deshalb weggenommen hat, weil er hungrig war?«, wollte der Junge wissen. »Nun, das ist wirklich eine schwierige Frage. Aber du kannst eine Antwort finden. Nur wie und wo du sie findest, liegt an dir und mag von Fall zu Fall verschieden sein. Vielleicht hättest du ihn nach seinen Beweggründen fragen können. Oder du hättest in dein Herz hineinhorchen können. Wenn du gut genug hinhörst, was dein Herz dir zu sagen hat, hättest du gewiss die richtige Antwort gefunden. Möglicherweise hättest du ihm dann von dir aus etwas von deinen Pausenbroten abgegeben.«

Man konnte förmlich spüren, wie die Worte seiner Mutter ihn beschäftigten. Erst nach ein paar Minuten war er soweit, das Zwiegespräch fortsetzen zu können: »Ich bin nicht sicher, ob ich dir ganz folgen kann. Aber ich ahne, dass an deinen Worten mehr Wahres dran ist, als ich augenblicklich verstehen kann. Ich werde noch viele Male darüber nachdenken. Aber lass' uns bitte zu der Geschichte mit dem armen alten Mann zurückkommen. Mir war von Anfang an klar, dass mein Großvater und mein Vater überzogen gehandelt haben. Ihre Taten kann ich nicht verstehen, zumal der Alte sich wirklich nicht bereichern wollte, sondern ganz einfach Hunger hatte. Aber warum bist du nicht eingeschritten, als Vater ihn in den lausigen Schweinestall verwies? Warum widersprichst du Vater nicht, wenn er mit diesen Taten prahlt?«

Seine Mutter antwortete: »Wahrscheinlich war mein Schweigen ja auch nicht richtig. Um des lieben Friedens willen habe ich mich rausgehalten. Allerdings habe ich mich schon ein wenig um den Alten gekümmert. Ohne dass dein Vater es merken konnte, habe ich ihn stets mit reichlichen Mahlzeiten versorgt. Aber ich war wohl zu bequem und zu feige, um mit deinem Vater zu reden, um ihm klar zu machen, wie ich das Ganze sehe. – Aber du solltest entscheiden, ob du nicht den Versuch wagen möchtest, deinem Vater deine Sicht der Dinge zu vermitteln. Vielleicht solltest du ihm mit klaren, aber liebe- und verständnisvollen Worten sagen, wie du das siehst.« Das Gespräch endete – wie es schien ergebnislos.

In den folgenden Tagen sah man den Jungen mit seinem Vater sehr häufig in Gespräche vertieft. Keiner außer den beiden wusste, was dort gesprochen wurde.

Wochen später, der Sommer schickte noch einen seiner letzten schönen Tage, konnte man beobachten, wie die Familie wieder auf der Terrasse beim Kaffeetrinken saß. Aber halt, da saß ja noch eine weitere Person am Tisch!

Tatsächlich, es war der Alte!

Das Leben »danach«

Eine Frau war schwanger. Ihr Arzt machte ihr die freudige Mitteilung, dass sie Zwillinge bekommen werde. Die Wochen vergingen, und die Zwillinge fühlten sich im Schoße ihrer Mutter pudelwohl. »Ist es nicht wunderbar, dass wir empfangen wurden? Ist es nicht herrlich, dass wir leben?«, sprudelte es aus einem der beiden Zwillinge hervor. Die beiden begannen, ihre vorgeburtliche Welt mehr und mehr zu entdecken und zu lieben. Als sie eines Tages die Nabelschnur bemerkten und erforschten, sagte einer der beiden: »Wie sehr muss uns unsere Mutter lieben, dass sie ihr Leben mit uns teilt und uns alles schenkt, wessen wir bedürfen!«

Es vergingen weitere Wochen. Die Zwillinge merkten, dass sie immer mehr wuchsen und sich nicht mehr so ungehindert im Mutterleib bewegen konnten. Der eine wurde nun sehr traurig und sprach: »Weißt du, was das bedeutet? Der Aufenthalt in dieser Welt neigt sich seinem Ende entgegen.« »Ich will aber nicht, dass dieses schöne Leben endet. Ich will nicht geboren werden«, klagte der andere. »Mir behagt die Vorstellung unserer Geburt auch nicht. Aber vielleicht gibt es ja ein Leben nach der Geburt«, meinte der erste. »Wie könnte das möglich sein? Wie sollten wir ohne die mütterliche Nabelschnur existieren können? Außerdem ist noch keiner, der in diesem Schoße war, zurückgekommen! Die Geburt ist das Ende. Es gibt kein Leben nach der Geburt!«, entgegnete der andere. Darauf erwiderte der erste: »Wenn es wirklich kein Leben nach der Geburt geben sollte, welchen Sinn hat dann das Leben im

Schoße unserer Mutter?« »Vielleicht gibt es gar keine Mutter. Schließlich hat sie noch keiner von uns beiden jemals zu Gesicht bekommen. Möglicherweise haben wir sie uns nur konstruiert, um unser jetziges Leben besser verstehen zu können. Es ist alles so sinnlos!«, sprach der andere. »Wenn du nicht an die Mutter glaubst, wird sie dich nach der Geburt verstoßen!«, entgegnete der erste.

Schließlich kam der Tag, an dem die Zwillinge, ein Junge und ein Mädchen, das Licht der Welt erblickten.

Sie gediehen prächtig. In den Tagen ihrer Kindheit und Jugend verbrachten sie fast jede freie Minute miteinander. Sie fühlten sich in der Welt pudelwohl. Jeden Tag gab es für die beiden Neues zu entdecken. Sie lernten die Welt immer besser kennen und genossen ihr Leben. Als sie eines Tages einen Waldspaziergang unternahmen, sagte die Schwester: »Ist es nicht wunderbar, dass wir geboren wurden? Ist es nicht herrlich, dass wir leben?« »Ja, liebe Schwester, herrlich!«, entgegnete der Bruder. »Wie sehr muss uns Gott lieben, dass er uns mit allem beschenkt, wessen wir bedürfen: Eine liebevolle Mutter, einen verständnisvollen Vater, tolle Geschwister, ein schönes Haus mit Garten sowie die wundervolle heimatliche Landschaft mit ihren vielen Wäldern, Feldern und Seen.«

Auch nachdem die beiden längst erwachsen waren und ihre eigenen Familien gegründet hatten, pflegten sie nach wie vor ein inniges Verhältnis. Auch jetzt verbrachten die beiden noch viel Zeit miteinander.

Die Jahre vergingen. Die beiden hatten bereits die siebzig überschritten. Sie merkten, dass sie nun nicht mehr so gut zu Fuß waren und dass ihre Gesundheit immer mehr zu wünschen übrig ließ. Ihre Waldspaziergänge, die sie nach wie vor liebten, wurden zwangsläufig immer kürzer und anstrengender. Sie spürten, dass ihre Lebenskräfte mehr und mehr dahinschwanden.

Eines Tages, als sich die beiden wieder einmal über ihre missliche Lage unterhielten, sagte die Schwester sehr traurig: »Weißt du, was das bedeutet? Unser Leben neigt sich dem Ende entgegen.« »Ich möchte aber noch nicht sterben«, entgegnete ihr Bruder. »Ich möchte auch noch lange auf der Erde bleiben. Aber vielleicht gibt es ja ein Leben nach dem Tod«, meinte sie. »Wie könnte das möglich sein? Wie sollten wir ohne unseren Körper und ohne die von Gott erschaffene Erdenwelt existieren können? Außerdem ist noch keiner, der gestorben ist, zurückgekommen! Der Tod ist das Ende. Es gibt kein Leben nach dem Tod!«, entgegnete er. Darauf erwiderte die Schwester »Wenn es wirklich kein Leben nach dem Tod geben sollte, welchen Sinn haben dann diese siebzig, achtzig Jahre auf der Erde?« »Vielleicht gibt es gar keinen Gott. Schließlich hat ihn noch keiner von uns beiden jemals zu Gesicht bekommen. Möglicherweise haben wir ihn uns nur konstruiert, um unser Leben besser verstehen zu können. Es ist alles so sinnlos!«, sprach der Bruder. »Wenn du nicht an Gott glaubst, wird er dich nach dem Tod verstoßen!«, entgegnete sie.

Die beiden wurden ganz still und nachdenklich. Dann stieg in ihnen ein Gefühl auf, wie wenn sie ein ähnliches Gespräch schon einmal vor langer, langer Zeit miteinander geführt hätten...

Maskenball der Seele

Herr Hofer, ein Mann mittleren Alters, war eigentlich ein sehr ausgeglichener und gutmütiger Mensch. Doch die letzte Arbeitswoche hatte ihn an die Grenze seiner Belastbarkeit geführt. Trotz großen Einsatzes und vieler Überstunden war das Arbeitspensum einfach nicht zu schaffen gewesen. Zu allem Überfluss wurde er von seinem Chef noch mit harschen Worten kritisiert, weil er nicht alles erledigen konnte.

Endlich war diese überaus stressige Woche vorüber. Den Samstag wollte Herr Hofer nutzen, um sich von diesem Ärger gründlich zu erholen. Nachdem er deutlich länger als üblich geschlafen hatte, ging er in einem nahe gelegenen Park spazieren, wo er wieder zur Ruhe kommen und zu sich selbst finden wollte. Dort ließ er sich auf einer Bank nieder und versuchte abzuschalten. Die herrliche Frühlingssonne und das muntere Gezwitscher der Vögel gaben sich alle Mühe, ihn dabei zu unterstützen.

Da kam ein kleiner, etwa achtjähriger Junge auf ihn zu und bat: »Spielst du ein wenig mit mir? Meine Freunde haben heute alle keine Zeit für mich.« »Ich habe auch keine Zeit für dich. Lass' mich in Ruhe!«, herrschte Herr Hofer den Jungen an. »Ach bitte, nur ein halbes Stündchen!«, flehte der Kleine. »Geh' nach Hause und spiele mit deinen Geschwistern oder mit deinem Vater!«, reagierte der Mann gereizt. Der Junge ließ nicht locker: »Ich habe keine Geschwister, und mein Vater ist schon im Himmel.« Der Mann setzte genervt nach: »Vermutlich bist du deinem Vater auch immer auf die Nerven gegangen, so dass er dann ge-storben ist. Ich habe keine Lust, mit dir zu spielen. Hau endlich ab!« Der Junge fing an, bitterlich zu weinen und lief davon. Herr Hofer war froh, wieder seine Ruhe zu haben.

In der folgenden Nacht konnte er nicht gut schlafen. Immer wieder wachte er auf, weil ihm die Begegnung mit dem Jungen keine Ruhe lassen wollte. Ihm wurde nun allmählich klar, dass er sich ganz unmöglich ver-halten hatte. Der Junge tat ihm unsagbar leid. Nur zu gern hätte er sich bei dem Kleinen entschuldigt und sein Fehlverhalten wieder gutgemacht. Jetzt hätte er gern stundenlang mit ihm gespielt. Aber er wusste ja nicht einmal wie der Junge heißt und wo er wohnt.

Am nächsten Tag fand im Kinderheim seiner Heimat-gemeinde ein Kostümfest für die Kinder des Heimes statt. Herr Hofer hatte schon vor Wochen zugesagt, ei-nen Teil des Unterhaltungsprogramms zu übernehmen. Er sollte als Clown auftreten. Da ihm sein Verhalten vom Vortage aber immer noch schwer im Magen lag und da sein schlechtes Gewissen ihm sehr zu schaffen machte, musste er sich regelrecht zwingen, sein Ver-sprechen einzuhalten. So machte er sich recht missge-launt auf den Weg. In einem Nebenraum des Kinder-heimes zog er sein Clownskostüm an, schminkte sein Gesicht mit einer weißen Farbe, setzte eine Perücke mit roten Haaren und eine dicke rote Knollennase auf.

Um Punkt 15 Uhr betrat er den großen Raum, in dem die Heimkinder schon ungeduldig auf ihn warte-ten. Auch die Kinder hatten sich alle verkleidet. Nur mit Mühe gelang es dem Clown, mit seiner Darbietung zu beginnen. Dennoch kamen schon die ersten Späße bei den Kindern recht gut an.

Dann entdeckte der Clown plötzlich unter all den maskierten Kindern einen Jungen, der sich – mehr schlecht als recht – auch als Clown verkleidet hatte. Dem großen Clown war sofort klar, dass es sich bei dem kleinen Clown um den Jungen vom Vortag handelte. Den großen Clown ergriff eine große innere Freude. Sofort wandte er sich an den kleinen Clown, der etwas still und fast traurig auf einem der hinteren Plätze saß und der den großen Clown natürlich nicht erkannte: »Hallo du dahinten, hallo mein lieber Clownskollege, magst du mir auf der Bühne ein wenig helfen?« Schüchtern erhob sich der kleine Clown von seinem Platz und schlich zur Bühne.

Der große Clown nahm ihn auf seinen Arm und sprach zum Publikum: »Darf ich euch meinen Assistenten vorstellen! Er wird mir jetzt zur Hand gehen. Ohne seine Hilfe könnte ich euch nicht alles vorführen.« Der kleine Clown war freudig erregt und harrte der Dinge, die da kamen. Zunächst ermunterte der große Clown den kleinen, mit ihm zusammen ein paar improvisierte Turnübungen vorzuführen. Der kleine Clown erwies dabei eine erstaunliche Beweglichkeit und Geschicklichkeit. Das Publikum klatschte laut Beifall. Dann bat der große Clown den kleinen, ihn bei seinen Zauberkunststücken zu helfen. So durfte er beispielsweise während des gesamten Auftrittes den geheimnisvollen Zauberstab halten. Wann immer der große Clown ihm ein kleines, vom Publikum nicht zu bemerkendes Zeichen gab, schwang er diesen in der Luft und sprach mit feierlicher Stimme die Zauberformel »Abrakadabra«. Als Höhepunkt der Darbietung zeigte der große Clown dem Publikum einen leeren Zylinder. Er flüsterte dem kleinen Clown etwas ins Ohr; dann zog dieser ein Kaninchen aus dem Zylinder! Die Zuschauer rasten vor Begeisterung.

Die Augen des kleinen Clowns strahlten voller Glück. Ganz aufgewühlt, aber auch stolz verließ er die Bühne und ging wieder auf seinen Platz zurück.

Noch lange Zeit später erinnerte sich der Junge mit großer Freude und Genugtuung an diesen Nachmittag. Die anderen Kinder des Heimes, die ihm zuvor wenig Beachtung schenkten, sprachen ihn immer wieder auf seinen tollen Auftritt an und baten ihn jetzt immer öfter, mit ihnen zu spielen.

Auch Herr Hofer war hoch zufrieden, ja geradezu beglückt, so beglückt, dass er sich den ganzen Tag von seinem Clownskostüm und seiner Maskerade nicht trennen wollte.

Der Grenzfluss

Es war einmal ein sehr schönes, großes Land, in dem viele Menschen lebten. Das Volk war wohlhabend, zivilisiert und für die damalige Zeit technisch hoch entwickelt. In den Schulen waren sehr fähige Lehrer beschäftigt, die den Kindern alles, wirklich alles über die Sprache dieses Landes, über modernste Technik und auch alles oder – besser gesagt – fast alles über das Land selbst beibrachten. Nur der Unterricht im Fach Geschichte ließ zu wünschen übrig. Alle Menschen, die hier lebten, sogar die klügsten Lehrer, wussten kaum etwas über die Geschichte dieses Landes zu berichten. Keiner konnte sagen, wann und wie dieses Land entstanden ist oder wie es bevölkert wurde. Auch mit dem Wissen auf dem Gebiet der Erdkunde war es nicht weit her.

Dieses Land war von unermesslicher Weite und nach drei Seiten schier grenzenlos. Nur nach Osten hin war es durch einen Fluss begrenzt.

Es war ein ganz außergewöhnlicher Fluss. Das Wasser war pechschwarz, so dass man nicht einmal wenige Zentimeter in ihn hineinsehen konnte. Man konnte den Eindruck gewinnen, als wollte er sich nicht durchschauen lassen. Das Wasser schien irgendwie still zu stehen, was ihm eher das Aussehen eines Sees als eines Flusses gab. Kein Mensch kannte den Namen dieses Flusses. Es war kaum vorstellbar, dass in diesem Fluss Fische oder sonstiges Getier leben könnten. Er schien irgendwie tot zu sein. Vielleicht war das der Grund dafür, dass ihn viele hinter vorgehaltener Hand »Tod«

nannten. Manche nannten ihn auch »das Ende«, weil er ja irgendwie das Ende ihres Landes darstellte. Die meisten sprachen aber gar nicht über ihn, gerade so, als gäbe es ihn überhaupt nicht. Keiner wusste so recht, wo er entsprang und wo er mündete. Der Fluss schien aber gar nicht einmal sonderlich breit zu sein. Man konnte seine Breite irgendwie nicht bestimmen, da er zu jeder Jahres- und Tageszeit immer von dicken Nebelschwaden eingehüllt war. Kein Mensch hatte daher je das andere Ufer, das was auf der anderen Seite des Flusses lag, sehen können. Die Alten nannten diesen Landstrich, der jenseits des Flusses lag, kurzerhand das »Jenseits«.

Da keiner anzugeben vermochte, wie es jenseits des Flusses wohl aussehen möge, fürchteten sich alle vor dem Jenseits. Die meisten Erwachsenen schienen kein Interesse an dem Fluss und an dem zu haben, was dahinter lag. Sie hatten in ihrem Land genug, was sie beschäftigte. Selbst die Wissenschaftler glaubten, viel Wichtigeres erforschen zu müssen. Den wenigen, die an der Erforschung des Flusses und des anderen Ufers Interesse bekundeten, fehlten die Gerätschaften, um die dicke Nebelwand zu durchbrechen. Außerdem gab es einfach zu viele Zeitgenossen, die über solches Tun spotteten, da es ihrer Meinung nach im eigenen Land noch genug zu entdecken und zu erkunden gäbe. Nur die Älteren hörte man bisweilen Geschichten über das »Jenseits« erzählen, die sie selbst von ihren Eltern und Großeltern gehört hatten. All diesen Geschichten war zu entnehmen, dass es dort sehr unheimlich und furchterregend zugehen müsse. Keiner, der schon einmal drüben war, soll jemals wiedergekommen sein, hieß es.

Da die Menschen sich also vor dem »Jenseits« fürchteten, fürchteten sie sich auch vor dem Fluss, da dieser sie ja nur einen Steinwurf weit vom »Jenseits« trennte. Fast nie sah man Menschen, die sich in der Nähe des Flusses aufhielten. Eltern und Lehrer wurden nicht müde, ihre Kinder davor zu warnen, in der Nähe des Flusses zu spielen. Auch wenn ihnen eine rechte Begründung für ihr Verbot fehlte, ließen sie nicht nach, es immer und immer wieder auszusprechen. An einigen Stellen wurden mit hohem technischen Aufwand sogar mächtige, hohe Zäune und Mauern errichtet, die es den Menschen, nicht nur den Kindern, nahezu unmöglich machten, sich dem Fluss zu nähern. Allerdings gab es einige alte Menschen, die sich in den Abendstunden gern in der Nähe des Flusses aufhielten, wenn sie sich unbeobachtet fühlten. Einige sollen sogar dabei gesehen worden sein, wie sie ihre Füße im Wasser des Flusses baumeln ließen. Immer wieder waren Gerüchte im Umlauf, dass manche dieser wagemutigen und verrückten Greise anschließend nie mehr wiedergesehen wurden.

Es ist wohl unnötig zu erwähnen, dass dieser Fluss auch auf viele Kinder, besonders auf die jüngeren, eine anziehende, ja geradezu magnetische Wirkung ausübte. Das lag nicht zuletzt daran, dass Kinder gern etwas tun, was Erwachsene ihnen verbieten, ohne einen plausiblen Grund dafür zu haben. So hielten sie sich oft in seiner Nähe auf, ohne seinem Ufer auf weniger als zehn bis zwanzig Schritte nahe zu kommen. Die mutigsten wagten es, aus sicherer Entfernung kleine Steine in den Fluss zu werfen, um sich dann unverzüglich aus dem Staub zu machen, weil sie schlimmste Folgen fürchteten.

Eines Tages tauchte in dem Land ein neues Gesicht auf; ein junger Knabe, so um die zehn, elf Jahre alt. Als er erstmals den Schulunterricht der vierten Klasse besuchte, für die er eingeteilt wurde, bat der Lehrer ihn höflich, sich vorzustellen.

»Wie heißt du denn?«, wollte der Lehrer zunächst wissen. »Christopher«, antwortete der Knabe mit freundlicher, sicherer Stimme. »Und wo kommst du her?«, fragte der Lehrer weiter. »Bisher habe ich ein ganzes Stück weiter westlich gewohnt. In dem Teil unseres Landes, das alle Westerland nennen«, entgegnete Christopher, um dann wie selbstverständlich fortzufahren: »Davor lebte ich lange, lange Zeit jenseits des Flusses, aber das wissen Sie ja wohl.«

Der Lehrer zuckte zusammen und rang nach Fassung, als hätte ihm soeben jemand etwas schier Unglaubliches, etwas völlig Ungehöriges gesagt. »Was, du wagst es, mir einen solchen Unsinn zu verkaufen! Du weißt wohl nicht, wen du vor dir hast! Außerdem spottet man nicht über das ›Jenseits‹, äh ich meine über das Land, das hinter dem Fluss liegt, falls es da überhaupt etwas gibt!«, begann er zu schreien. Von Wort zu Wort versagte seine Stimme immer mehr, so dass die letzten Worte kaum noch hörbar waren. In der Klasse war es mucksmäuschenstill. Man hätte es gewiss hören können, wenn jemand eine Stecknadel fallen gelassen hätte. Die Schulkinder waren auf das Äußerste ge-spannt. Endlich hatten sie die Gelegenheit, in Anwesenheit eines Erwachsenen etwas über den Fluss und das »Jenseits« zu erfahren.

Christopher schaute überrascht und ungläubig, um dann ruhig und bestimmt fortzufahren: »Als ich vorhin sagte, dass ich früher jenseits des Flusses gelebt hätte, befürchtete ich schon, Sie würden mich tadeln oder sich veralbert fühlen, weil ich Ihnen mit einer so einfachen selbstverständlichen Wahrheit entgegne. Dass Sie aber so heftig und merkwürdig reagieren, überrascht und verunsichert mich ein wenig.« Der Lehrer tobte. Ganz offensichtlich wollte er den Knaben weiterhin auf das Heftigste beschimpfen, aber irgendwie versagte seine Stimme. Außer einem Gestammel war seinem Munde nichts zu entnehmen.

Die übrigen Kinder lauschten mit der höchsten Aufmerksamkeit, zu der sie fähig waren. Christopher setzte unverdrossen fort. Mit leiser, aber fester Stimme sagte er: »Aber Herr Lehrer, was ist Schlimmes daran, wenn ich hier etwas ausspreche, was sonnenklar ist, was jeder weiß? Sie und ich, wir alle waren bereits sehr, sehr oft jenseits des Flusses. Vielleicht erinnern Sie sich nur nicht mehr daran. Wenn es hier in unserem Lande für uns nichts mehr zu tun gibt, wenn wir alt und krank sind, gehen wir durch den Fluss, auf die andere Seite des Ufers. Sie wissen doch selbst, wie angenehm es dort ist. Dort holen wir uns immer wieder neue Kräfte und neue Aufgaben. Wenn es dann wieder so weit ist, kehren wir gestärkt und gelabt in unser oder auch in ein ganz anderes Land zurück, mit der Möglichkeit ausgestattet, vieles besser zu machen als beim letzten Mal.« »Hör auf! Hör endlich auf!«, brüllte der

Lehrer, der mittlerweile wieder einigermaßen bei Stimme war. Die Mitschüler wussten nicht, wie ihnen geschah. Endlich hatte es jemand gewagt, dasjenige auszusprechen, was viele glaubten oder fühlten. Der Knabe ließ nicht locker. Er wollte einfach nur verstehen, was seinen Lehrer so aus der Fassung gebracht haben könnte. »Gefallen Ihnen meine Worte vielleicht deshalb nicht, weil Sie das Jenseits vermissen? Seien Sie nicht traurig. Im Moment haben wir alle noch genug in unserem Lande zu bewirken. Und das ist gut so.«

Der Lehrer stieß noch einige Schimpfwörter und Flüche aus, die man hier besser nicht erwähnt. Dann sagte er mit erstaunlich ruhiger Stimme: »So Freundchen, mir ist jetzt klar, was du für einer bist. Du bist ein Spinner, ein Taugenichts, ein Verrückter! Du gehörst in eine Klapsmühle! Das werde ich brühwarm deinen Eltern erzählen, ach was, das sind vermutlich genauso Spinner wie du. Wahrscheinlich gehört deine ganze Familie in die Klapse! Ich will dich hier heute nicht mehr sehen! Du setzt nur allen Kindern Flausen in den Kopf.«

Spätestens jetzt war Christopher klar, dass dieser Mann nicht verstand, was er sagte. Aber er verstand nicht, warum er es nicht verstand. Außerdem konnte Christopher nicht nachvollziehen, wieso der Lehrer so außerordentlich wütend wurde.

Traurig packte er seine Bücher und Hefte zusammen und verließ das Klassenzimmer. Er warf noch einen schweigenden Blick zurück. Dabei schaute er kurz in die Gesichter seiner Mitschüler, die wie gelähmt dasaßen. »Vielleicht hat ja der eine oder andere von ihnen begriffen, worüber ich geredet habe«, dachte er und verließ das Schulgelände.

Daheim angekommen berichtete er weinend seinen Eltern, was sich in der Schule begeben hatte. Sein Vater versuchte, ihn zu trösten: »Sei nicht traurig, mein Junge. Die Menschen sind verschieden; und das ist gut so. Es gibt kluge und weniger kluge Menschen, es gibt freundliche und weniger freundliche. Besonders verschieden sind die Menschen aber in ihrer Fähigkeit, Dinge verstehen und einsehen zu können oder zu wollen.« Seine Mutter strich Christopher liebevoll über seinen Lockenkopf und ergänzte des Vaters Worte: »Manche Menschen brauchen einfach ihre eigene Wahrheit, weil sie die Wahrheit eines anderen nicht verstehen können. Es verunsichert sie, dass das, was sie lange für wahr hielten, plötzlich falsch sein soll. Lass ihnen ihre Wahrheit, ihre Meinung, bis sie soweit sind, eine andere Wahrheit zu ertragen.« »Aber hätte er denn gleich so schreien und mich so erniedrigen müssen?«, fragte der Junge. »Wie dein Vater schon sagte, es gibt die unterschiedlichsten Menschen. Manche mögen Wein, manche nicht. Schenkst du jemandem, von dem du nicht weißt, dass er keinen Wein mag, eine Flasche zum Geburtstag, kann es sein, dass er sich freundlich bedankt und später die Flasche weiterschenkt. Ein anderer schreit dich gleich an und fragt dich, ob du ihn vergiften möchtest. Dein Lehrer scheint zur zweiten Gruppe zu gehören. Nimm es ihm nicht übel; es ist wohl seine Art, unter der er vielleicht selbst am meisten zu leiden hat«, fügte seine Mutter an. Mit der tröstenden Bemerkung: »Vielleicht haben ja einige deiner Mitschüler verstanden, wovon du gesprochen hast«, beendete der Vater das Gespräch.

Christopher glaubte begriffen zu haben, was seine Eltern ihm mitteilen wollten.

Der reiche Mann und der arme Jobst

Es lebte einmal ein sehr wohlhabender Mann in einer großen Villa, die fast schon einem Palast gleichkam. Die Villa war von einem riesigen parkähnlichen Garten umgeben.

Der Mann hatte ein solch hohes Vermögen geerbt, dass er es in seinem ganzen Leben nie nötig gehabt hatte, zu arbeiten. Allein die Zinsen warfen jährlich so viel ab, dass ein ganzes Dorf davon hätte leben können. Er konnte sich viele Bedienstete leisten, die alles für ihn erledigten und ihm jeden Wunsch von den Augen ablasen. Im Grunde lag er den ganzen Tag lang nur auf der faulen Haut und schlemmte. Keine Speise war ihm köstlich und schmackhaft genug, kein Wein konnte seinen Gaumenkitzel wirklich befriedigen. Immer wieder schickte er seine Diener aus, um ihm noch einzigartigere, ausgefallenere oder neuartige Genussmittel zu besorgen. Wenn sie ihm nichts mitbrachten, was seine Genusssucht befriedigte, beschimpfte er sie heftig. Für moralische, spirituelle und religiöse Gedanken und Impulse ließ ihm sein ausschweifendes, luxuriöses Leben keinen Raum. Er glaubte weder an Gott oder Engel noch an ein Leben nach dem Tod.

Ganz in der Nähe seiner Villa hauste ein äußerst armer Mann namens Jobst. Obwohl er sich sein ganzes Leben lang bemühte, eine Arbeit zu finden, wollte es ihm nie gelingen. Da er sich keine feste Bleibe leisten konnte, schlief er meistens unweit des Palastes des reichen Mannes unter einer Brücke. In der warmen Jahreszeit kam er damit ganz gut zurecht; im Winter fror er jedoch oftmals ganz bitterlich. Dadurch verschlechterte sich seine Gesundheit von Jahr zu Jahr. Weil ihn stets großer Hunger quälte, war er immer darauf angewiesen, sich irgendwo ein paar Bissen zu erbetteln. Mit Ausnahme der Villa des reichen Mannes gab es aber weit und breit keine Häuser und somit auch kaum Menschen, die er um ein wenig Brot hätte bitten können.

So versuchte er es immer wieder bei dem reichen Mann. Dieser wies seine Bitte aber stets mit verletzenden Worten und höhnischem Gelächter ab. Hin und wieder gaben ihm die Bediensteten ein wenig. Als der reiche Mann davon erfuhr, verbot er es ihnen auf das Strengste.

Dadurch wurde Jobsts Not immer größer. Manchmal gelang es ihm zumindest, ein paar Essabfälle aus der Mülltonne zu ergattern. Trotz seiner erbärmlichen Lebenslage war er ein sehr frommer Mann, der ohne den Anflug eines Zweifels an Gott und seinen Schutzengel glaubte und auf sie vertraute. Häufig hat er über sie nachgedacht, sie gepriesen und zu ihnen gebetet. Er fügte sich in sein Schicksal, so jämmerlich und bedauernswert sein Leben auch immer war.

Die Zeit verging. – Eines Tages starb der arme Jobst. Die himmlischen Wesen empfingen ihn mit großer Huld und Freude. Sein Engel begrüßte ihn mit den Worten: »Geliebter Jobst, ich freue mich, dass du wieder in deiner wahren Heimat bist! Sei uns allen herzlich willkommen!« Auch Jobsts Verwandte und Freunde, die schon früher gestorben waren, standen zu seiner

Begrüßung Spalier. Dann geleitete sein Engel ihn in eine der wundervollsten Regionen der Himmelswelt. Jobst spürte sehr schnell, dass er jetzt wieder zu Hause war und dass es ihm nun an nichts mehr fehlen würde. Er benötigte nur eine sehr kurze Zeit, um sich der neuen Lebenssituation anzupassen. Schon bald gelang es ihm, alles, was in der Himmelswelt webte und weste, wahrzunehmen und weitgehend richtig zu verstehen und einzuordnen. Jobst war ganz selig.

Kurze Zeit später starb auch der reiche Mann. Er wurde ebenfalls von seinem Engel und früher verstorbenen Verwandten und Freunden in Empfang genommen. Allerdings vermochte er es nicht, sie wahrzunehmen. Sie waren für ihn einfach nicht da. Es dauerte geraume Zeit, bis er zumindest merkte, dass er noch lebte, obwohl er ja gestorben war. Aber die Welt, die sich ihm nun erschließen sollte, blieb ihm weitgehend finster und stumm. Er fühlte sich sehr einsam und litt bisweilen große Angst, weil er einfach nicht wusste, wo er war und was er dort sollte.

Dann hatte er immer noch eine unsägliche Gier nach irdischen Genüssen. Aber er hatte ja keinen materiellen Leib mehr. Somit gab es für ihn auch keine Möglichkeit mehr, diese Begierden zu befriedigen. Er fühlte sich einsam und verlassen, und er litt große Pein und Qual.

Nach längerer Zeit gelang es ihm dann eines Tages, seinen Engel zumindest schemenhaft wahrnehmen zu können. Natürlich wusste er nicht genau, um wen es sich wohl handeln würde. Flehend sprach er: »Lieber

Gott, lieber Engel, lieber Geist oder wer auch immer du sein magst! Kannst du mich nicht von meiner qualvollen Lage befreien? Kannst du mir nicht den Jobst schicken, damit ich nicht gar so allein bin und dass er mich tröstet oder mir gar ein paar meiner Qualen abnimmt?« Der Engel antwortete: »Mein liebes Menschenkind, bedenke, dass es dir in deinem Leben an nichts gefehlt hat, während Jobst ein höchst jämmerliches und elendiges Leben führen musste! Er muss diese Qualen, die du jetzt durchmachst, nicht ertragen. Er hat in seinem Erdenleben schon genügend viel erleiden und entbehren müssen. Daher ist er jetzt schon in einem Bereich, der dir erst sehr viel später offenstehen wird. Du musst erst lernen, dass all die Genüsse, die du in deinem Leben geliebt hast, im Himmel keine Berechtigung haben. Du musst dich ihrer entwöhnen. Auch muss dir ganz bewusst werden, wie hochmütig du dich oftmals gegenüber deinen Dienern und wie herablassend und abweisend du dich Jobst gegenüber verhalten hast. Du musst aus diesem Fehlverhalten die richtigen Schlüsse ziehen, damit du es beim nächsten Mal besser machen kannst. Erst dann wird es dir möglich werden, in höhere Regionen der Himmelswelt einzutreten.«

Der reiche Mann entgegnete: »Nun will ich denn versuchen, all das Leidvolle hier auszuhalten, wenn ich dafür später dann dahin kommen kann, wo Jobst jetzt schon ist. Ich werde es geduldig ertragen. Aber ich habe noch eine Bitte: Könntest du nicht meinen noch auf der Erde weilenden Verwandten und Bediensteten erscheinen und ihnen Kunde geben, wie es mir hier gerade ergeht. Sie leben ein ähnliches Leben, wie ich es gelebt habe. Auch sie gehen ganz in den irdischen Genüssen auf und kümmern sich nicht viel um ihre Mitmenschen. Auch sie versäumen es, über den Himmel und das Leben nach dem Tod nachzudenken, so wie ich es ebenfalls versäumt habe.«

Der Engel entgegnete geduldig, aber mit großem Ernst: »Es ist nicht unsere Aufgabe, den Erdenmenschen solche Hinweise zu geben oder ihnen gar Vorschriften zu machen. Es ist uns geradezu streng verboten. Wir dürfen nicht in ihren heiligen freien Willen eingreifen. Auf der Erde gibt es zu allen Zeiten große Menschen, denen Gott die Gabe verliehen hat, in die himmlische Welt hineinzuschauen. Auf ihre Lehren sollen die Menschen hören! Ihre Schriften sollen sie lesen!«

(Anmerkung: Diese Geschichte ist dem Gleichnis *»Vom reichen Mann und vom armen Lazarus«* aus dem *Lukas*-Evangelium, Kapitel 16, Vers 19ff entlehnt.)

Das »Kreuz« des Menschen

Wenn wir Menschen auf diese Welt kommen, gibt uns Gott unser ganz persönliches »Kreuz« mit auf den Weg. Dieses Kreuz haben wir unser Leben lang wie einen lästigen Rucksack zu tragen. Bei manchen Menschen ist das Kreuz eher klein und leicht, bei manchen ist es ziemlich groß und schwer. Bei wiederum anderen, die sehr viele Prüfungen zu bestehen und viele Leiden und Schmerzen zu ertragen haben, kann es sogar so schwer sein, dass sie manchmal Mühe haben, es überhaupt zu tragen.

Es war einmal ein Mann – er hieß Jakob – , dessen Kreuz, das Gott ihm mitgegeben hatte, ganz besonders schwer war. Schon in jüngeren Jahren ereilten ihn einige Schicksalsschläge, die er aber geduldig ertragen hatte. Auch mit seiner Gesundheit war es nie zum Besten bestellt. Viele Male schon war er in seinem Leben unter der Last des Kreuzes zusammengebrochen. Aber immer wieder stand er auf und nahm es erneut geduldig auf sich. In solchen Situationen sagte er sich immer: »Unser Herr Jesus Christus musste ein viel, viel schwereres Kreuz nach Golgatha tragen. Da darf ich mich nicht so anstellen.«

Als er dann schon recht betagt war und seine Kräfte immer mehr dahinschwanden, gewann er allerdings den Eindruck, der schweren Last des Kreuzes nicht mehr gewachsen zu sein. Da er fühlte, dass das Kreuz mit ihm selbst zu tun und wohl auch einen Sinn hatte, wollte er sich nicht des ganzen Kreuzes entledigen. So kam ihm die Idee, ein ganz kleines Stück von diesem abzusägen, so dass das, was er jetzt noch auf seine Schultern zu laden hatte, ein wenig leichter war. Gesagt – getan! Auf diese Art kam er dann noch recht gut durch seine letzten Lebensjahre.

Eines Tages starb Jakob. Nachdem er durch die Pforte des Todes geschritten war, sah er in einiger Entfernung eine herrliche und lichtvolle Gegend. Er wusste, das musste das Himmelreich sein. Freudig lief er auf diese Region zu. Sein Engel wartete schon auf ihn. Um letztlich ins Reich der Himmel gelangen zu können, musste er jedoch noch eine schmale Kluft überwinden. Diese erschien Jakob wie ein sehr tiefer, reißender Fluss. Diesen musste er erst überqueren, um ins Himmelreich gelangen zu können. Wie sollte er nur den Fluss überqueren können? Da hatte er eine Idee: Das Kreuz könnte ihm als Brücke dienen. Gesagt – getan!

Doch das Kreuz war ein ganz kleines Stück zu kurz...

Das Kind, das ein großes Opfer brachte

Ein Engel nahm das ihm anvertraute Menschenkind bei der Hand und führte es zum Himmelstor. »Mein geliebtes Kind!«, sprach der Engel. »Es ist nun bald an der Zeit, dass du wieder einmal auf die Erde gesendet wirst. Komm ganz nah ans Himmelstor heran, dann kannst du die Menschen auf der Erde sehen, die als deine Eltern in Frage kommen könnten.« Ganz aufgeregt trat das Menschenkind, das seinem Erdenleben schon entgegenfieberte, ans Himmelstor und schaute voller Neugier und gespannter Erwartung auf die Erde herunter.

Es sah unzählige Menschen, arme und reiche, fröhliche und traurige. Sein Engel deutete mit einem seiner Flügel auf ein Ehepaar mittleren Alters, das mit seinen sechs Kindern einen Spaziergang durch die Felder machte. »Schau mal die beiden! Die wünschen sich noch sehnlichst ein weiteres Kind. Wenn du dich für sie entscheiden solltest, wirst du von ihnen viel Liebe erfahren. Sie sind allerdings ziemlich arm, so dass es dir später an manchem fehlen wird, was viele Menschen für wichtig halten.« Dann zeigte der Engel auf ein anderes Paar, das gerade auf dem Weg zur Kirche war. »Oder wie wäre es mit jenen? Bei ihnen würdest du eine strenge Erziehung erhalten und vieles lernen können. Das würde aus dir später einen tüchtigen Menschen machen.« Da das Kind keine sichtbare Reaktion zeigte, fuhr sein Engel fort. »Siehst du die beiden dort unten beim Einkaufsbummel? Es sind einigermaßen wohlhabende Leute, bei denen es dir an nichts fehlen würde. Sie werden im Laufe der Jahre noch weitere

Kinder bekommen. Aber die Mutter wird schon recht früh sterben, so dass du dann als ältestes Kind deinen Geschwistern die Mutter ersetzen müsstest. Das ist ein hartes Los, das dich aber reifen ließe.«

Das Menschenkind warf jeweils nur einen kurzen Blick auf die vorgestellten Paare. Dann fiel sein Blick auf ein junges Ehepaar, das daheim in der Stube saß und etwas machte, was sich seiner Wahrnehmungs-möglichkeit nicht erschloss. »Wie wäre es denn mit diesen beiden?«, fragte es seinen Engel. »Oh, das geht leider nicht!«, entgegnete der Engel. »Die wollen keine Kinder. Und sie tun alles dafür, dass sie keine bekom-men. Da sind auch meine Möglichkeiten sehr be-grenzt.« Das Menschenkind zeigte mit seinen Finger-chen auf ein weiteres Menschenpaar, das gerade in einem Gasthaus zu Abend speiste. »Was ist denn mit denen los? Warum kann ich nicht hören, was sie reden? Warum durchschaue ich ihre Gedanken und Gefühle nicht?«, fragte es erstaunt. »Oh, das ist ein schwieriger Fall!«, sagte der Engel etwas frustriert. »Die beiden Menschen glauben nicht an den Himmel und an uns Engel. Das, was sie sprechen, denken und fühlen, können wir hier nicht wahrnehmen.« »Was? Die glauben nicht an den Himmel? Ja, sind die denn blind?«, fragte das Menschenkind ungläubig und fast entrüstet. Der Engel lächelte und sagte: »Das ist nicht so einfach, mein Kind, wie du dir das vorstellst! Wenn ein Mensch erst einmal auf der Erde ist, kann er den Himmel und uns Engel nicht mehr so ohne weiteres sehen. Da muss er sich schon sehr darum bemühen.« »Das ist ja schrecklich!«, entgegnete das Kindlein.

»Kannst du ihnen nicht zeigen, dass es dich und den Himmel gibt?« »Das ist leider kaum möglich«, sprach der Engel. »Sie müssen uns und den Himmel schon selbst finden. Diese Aufgabe dürfen wir ihnen nicht abnehmen.« Das Menschenkind ließ nicht locker: »Könntest du nicht den lieben Gott bitten, ihnen den Himmel zu zeigen?« »Nicht einmal der liebe Gott mit all seinen himmlischen Heerscharen könnte das bewerkstelligen. Das heißt, bewerkstelligen könnte er es natürlich schon, aber er würde es niemals tun. Er würde niemals in die Freiheit der Menschen eingreifen«, antwortete der Engel. Das Menschenkind setzte nach. »Kann denn diesen armen Menschen wirklich niemand helfen?«, wollte es wissen. Sein Engel schwieg eine Weile, bis er dann mit bedächtiger Stimme sprach: »Es gibt schon jemanden, der ihnen helfen kann: Andere Menschen. Nur anderen Erdenmenschen könnte es möglich sein, ihnen den rechten Pfad zu weisen.« »Und warum hilft ihnen dann kein anderer Mensch?«, fragte das Menschenkind ein wenig zornig. »Weißt du, mein liebes Kind, die meisten Menschen denken nur an sich und bemerken gar nicht, dass es Mitmenschen gibt, die ihrer Hilfe bedürfen«, entgegnete der Engel. »Vielleicht könntest du ja einen anderen Menschen bitten, den beiden zu helfen und ihnen von dem Himmel zu erzählen«, schlug das Kindlein vor. »Nein, Nein!«, erwiderte sein Engel. »Auch einen solchen Rat dürfen wir anderen Menschen nicht geben. Darauf müssen sie von ganz alleine kommen.« »Aber da muss doch irgendetwas zu machen sein!«, rief das Kind ganz aufgeregt und beinahe fordernd.

Der Engel schwieg ungewöhnlich lange. Dann sagte er etwas zögerlich: »Du könntest ihnen helfen!« und nahm seinen Schützling dabei behutsam in seine Flügelarme. »Ich?«, rief das Menschenkind. »Ja, aber natürlich, sofort! Was habe ich zu tun?« Dem Engel schien es schwer zu fallen, das zu sagen, was er sagen musste. »Nun, du könntest dich für die beiden als deine Eltern entscheiden. Sie wünschen sich schon seit geraumer Zeit ein Kind. Das wäre machbar.« »Ja, natürlich! Du kannst mich gleich zu ihnen hinunterschicken!«, platzte es aus dem Kindlein heraus, das dann aber noch nachlegte: »Aber wie könnte ich ihnen helfen? Was müsste ich tun?« »Genau das ist das Problem!«, sagte der Engel mit einem mitleidsvollen Blick. »Es ist nicht einfach, den beiden zu helfen. Da müsste schon etwas recht Radikales passieren.« »Ja, was denn? Ich bin zu allem bereit!«, platzte es aus dem Kindlein tatendurstig heraus. »Es müsste schon wirklich etwas ganz Dramatisches geschehen. Aber das kann keiner von dir verlangen.« »Sage mir, was ich zu tun habe!«, sprach das Menschenkind voller Freude. Zögerlich sagte sein Engel: »Du müsstest dich bereit erklären, dein Leben schon als Kind – sagen wir nach etwa zehn Jahren – zu beenden. Dein Tod würde deine Eltern in tiefste Trauer stürzen. Aber aus dieser abgrundtiefen Trauer könnten in ihrer Seele die Kräfte reifen, die ihrem Leben eine ganz andere Richtung geben könnten.«

Das Kind war zutiefst betroffen und stammelte: »Was? Nur zehn Jahre sollen mir vergönnt sein? Aber ich freue mich doch schon so auf mein Leben auf der Erde. Ich würde doch gern sehr lange da unten bleiben.« »Ich habe dir ja bereits gesagt, dass das keiner von dir erwarten kann. Vergessen wir es und schauen uns nach einem anderen Elternpaar um«, sprach der Engel verständnisvoll. »Nein, nein!«, entgegnete das Kindlein. »Ich bin dazu bereit! Ich werde es machen! Die beiden lieben Menschen tun mir unsagbar leid. Einer muss ihnen ja helfen! Aber ich hätte eine Bedingung! Ich möchte ein Knabe werden!« »Das lässt sich machen«, gab ihm sein Engel zur Antwort. Dann schaute er auf die Weltenuhr und sprach: »Es dauert nur noch wenige Augenblicke, bis ich dich zu deinen Eltern schicken werde.« Er nahm seinen geliebten Schützling noch einmal zärtlich in seine Flügelarme und sagte zum Abschied: »Mach es gut, mein geliebtes Kind! Vergiss nicht, ich bin immer in deiner Nähe. Schon in ganz wenigen Jahren wirst du das nicht mehr bemerken können. Tief in deiner Seele wirst du aber wissen, dass ich immer bei dir bin.« Darauf entließ er das Menschenkind gottbefohlen durchs Himmelstor.

Neun Monate später brachte die zur Mutter auserkorene Frau einen gesunden, strammen Burschen zur Welt. Die Freude der Eltern war unbeschreiblich! Sie gaben ihm den Namen Johannes. Der Knabe wuchs und gedieh prächtig. Nicht nur die Eltern, deren ganzer Stolz und Lebensinhalt er mittlerweile geworden war, sondern auch alle anderen Menschen, die ihn kannten, hatten ihn von Herzen lieb. Auch er liebte seine Eltern über alles. Sie gaben ihm alles und jedes, was das Herz eines kleinen Knaben begehrt. Wirklich alles? Nein, eines konnten sie ihm nicht geben. Sie vermochten es nicht, das zur Reife zu bringen, was wie ein zarter

Keim aus seinem Leben im Himmel in seiner Seele ruhte.

Die Zeit verging. Als er ungefähr sieben Jahre alt war, beschloss er auf einem seiner Streifzüge durch die Nachbarschaft einen Blick in die Kirche zu werfen, die er zuvor nie betreten hatte. Beim Rundgang durch das Kirchenschiff blieb sein Blick sofort an einem gewaltigen Gemälde hängen, das einen Engel mit mächtigen goldenen Flügeln zeigte. Fasziniert und fast wie entrückt blieb er viele Minuten vor dem Gemälde stehen. Ihm war so, als würde er die dargestellte Figur kennen. Später zog es ihn immer wieder – manchmal mehrmals in der Woche – geradezu magisch in die Kirche zu diesem Bild. Seinen Eltern erzählte er nichts davon, weil er spürte, dass ihnen die Kirche und Engel nichts bedeuteten.

Der Tag seines zehnten Geburtstages rückte näher. Wenige Tage zuvor bekam der Knabe plötzlich hohes Fieber. Jede Therapie versagte. Das Fieber wollte nicht weichen. Die Ärzte standen vor einem Rätsel. Zwei Wochen später starb der Knabe.

Der Knabe wurde sofort wieder durchs Himmelstor hereingelassen. Sein Engel, den er gleich wiedererkannte, erwartete ihn schon voller Freude und schloss ihn in seine Flügelarme. »Sag bloß, du hast schon auf mich gewartet?«, fragte der Knabe. »Ja, natürlich!«, entgegnete sein Engel. »Ich war all die Jahre immer bei dir. Aber erst jetzt kannst du mich wieder sehen.« Der Knabe schaute auf seine Beine hinunter und fragte entsetzt: »Wo ist denn meine Lederhose? Ich sehe gar nicht wie ein richtiger Junge aus!« Der Engel lächelte: »Hier im Himmel gibt es weder Jungen noch Mädchen. Hier bist du wieder ein Menschenkind.« Das Menschenkind gewöhnte sich aber schnell daran, jetzt wieder nur ein Menschenkind zu sein. Irgendwie hatte es den Eindruck, dass im Himmel ein freudiges Treiben herrschte, das er vor seiner kurzen Erdenlaufbahn hier nie erlebt hatte. »Was ist denn hier los?«, fragte es. »Heute ist ein besonderer Tag. Du hast etwas ganz Großartiges vollbracht! Das wird von allen Engeln gefeiert«, antwortete der Engel.

Das Menschenkind fühlte sich immer wieder hin- und hergerissen. Einerseits freute es sich sehr, wieder im Himmel bei seinem geliebten Engel zu sein, andererseits war es aber doch ziemlich traurig, nicht mehr auf der Erde bei seinen Eltern sein zu können. Sein Engel spürte das natürlich und sprach: »Du darfst – so oft du willst – zu deinen Eltern gehen. Sei dir aber dessen bewusst, dass sie deine Anwesenheit nicht bemerken können.« So machte sich das Menschenkind täglich auf, um sich in der Nähe seiner Eltern aufhalten zu können. Anfangs war es recht deprimiert, dass seine Eltern seine Gegenwart nicht zu spüren vermochten. Als es sich dann daran erinnerte, dass es in seinen Erdenjahren die Anwesenheit seines Engels auch nicht bemerkt hatte, tröstete ihn das ein wenig. Wann immer es sich in der Nähe der Eltern aufhielt, konnte es deren tiefe Trauer um seinen Tod miterleben. Ihre Worte und Gedanken konnte er nur schemenhaft vernehmen.

Nach einiger Zeit sagte es zu seinem Engel: »Lieber Engel, ich kann einfach nicht erkennen, dass ich meinen Eltern wirklich geholfen haben sollte. Sie sind doch nur immer traurig. Ich glaube, unser Vorhaben ist gescheitert.« »Jetzt warst du nur so kurze Zeit bei den Erdenmenschen und hast dich schon von deren Ungeduld anstecken lassen«, sprach der Engel laut lachend. »Warte doch einfach mal ab! ›Gut Ding will Weile haben!‹, sagen kluge Erdenbürger.«

Nach irdischer Zeitrechnung waren mittlerweile fast drei Jahre vergangen, seitdem das Erdenkind wieder zum Menschenkind geworden war. Als es eines Tages wieder einmal vom Himmel aus auf seine Eltern schaute, rief es hoch erfreut: »Ich kann sie hören! Ich kann sie hören! Ich kann jetzt deutlich verstehen, was sie sprechen, ja, sogar ihre Gedanken kann ich vernehmen!« Der Engel lächelte und sprach: »Ja, natürlich! Es ist jetzt genau das eingetreten, was ich erhofft hatte. Die tiefe Trauer um deinen Tod hat ihre Herzen erweicht. Das hat Kräfte in ihren Seelen freigesetzt, die sie veranlasst haben, ihr Leben völlig neu zu organisieren. Sie denken jetzt sogar über den Himmel nach und gehen hin und wieder in die Kirche. Dein Vater kümmert sich in seiner Freizeit um alte Menschen, die er regelmäßig besucht und denen er zur Hand geht. In ihrer Nachbarschaft ist ein junges Ehepaar eingezogen, das bereits drei Kinder hat. Die Frau ist etwas kränklich und mit der Versorgung ihrer Kinder oft überfordert. Da hilft deine Mutter in rührender Weise. Du siehst, deine Mission war von Erfolg gekrönt.« Das Menschenkind strahlte vor Glück. Wann immer ihm nun danach war, konnte es an dem Leben seiner geliebten Eltern teilhaben.

Es vergingen weitere Erdenjahre. Eines Tages kam der Engel auf das Menschenkind zu und sprach: »Komm mit zum Himmelstor! Es ist an der Zeit, dass du wieder auf die Erde hinabsteigst. Lass uns einmal schauen, ob wir geeignete Eltern für dich finden.« »Da brauche ich nicht lange suchen!«, rief das Kindlein freudig erregt. »Ich möchte wieder zu meinen alten Eltern!« Sein Schutzengel legte behutsam seinen rechten Flügelarm um seinen Schützling und sprach mit leiser Stimme: »Das ist leider nicht möglich, mein geliebtes Kind. Deine Mutter ist mittlerweile in einem Alter, in dem sie keine Kinder mehr gebären kann. Da können auch wir nichts machen.« Das Menschenkind wurde ganz traurig, sah aber schließlich ein, dass sein Wunsch nicht zu erfüllen war. »Aber ich habe da eine Idee!«, sagte der Engel mit leicht verschmitztem Lächeln. »Der neuen Nachbarin deiner Eltern, die mittlerweile wieder bei bester Gesundheit ist, wäre ein viertes Kind nicht unrecht. Dann wärst du immer in der Nähe deiner Eltern und du könntest ihnen sowie deinen neuen Eltern viel Freude bereiten. Dieses Leben würde dir zwar in fernerer Zukunft einige Lasten auferlegen, aber dadurch könntest du weiter reifen.« »Hurra!«, rief das Kindlein voller Freude. »Schicke mich sofort zu ihnen!«

Knapp neun Monate später gebar die Nachbarin einen gesunden Jungen. Trotz aller Schwierigkeiten freuten sich die neuen Eltern sehr. Die frühere Mutter, die sich ja ohnehin schon sehr liebevoll um die anderen Kinder der Nachbarn kümmerte, schloss den neuen Erdenbürger sofort in ihr Herz. Ohne die anderen zu vernachlässigen, widmete sie ihm besonders viel Zeit und Aufmerksamkeit. »Der Kleine ist genau wie unser Hänschen!«, hörte man sie immer wieder sagen.

Band 2 der Reihe

**Geschichten über Gott,
Engel und Menschen**

ist in Vorbereitung und wird voraussichtlich
Ende 2019 erscheinen.

Die spirituelle Seite des Todes

Christus-Impuls, Reinkarnation, Leben nach dem Tod und Sinn des Lebens

© 2019 Justen, Josef F.

BoD – Books on Demand, Norderstedt

ISBN: 9783732284955

Der Autor gibt in diesem Werk in einer sehr sachlichen und dennoch durchaus spannenden Weise Antworten auf viele spirituelle Fragen und beleuchtet geistige Hintergründe, welche die Seelen vieler Zeitgenossen bewegen.

Neben einer eingehenden Behandlung der Reinkarnationsfrage beschreibt er insbesondere in großer Ausführlichkeit, was die Seele eines verstorbenen Menschen in den geistigen Welten erfährt und erlebt. Diese ungewöhnlich detaillierten Darstellungen orientieren sich in erster Linie an dem großen Wissensschatz der Anthroposophie. Sie berücksichtigen aber sehr wohl auch Schilderungen anderer Quellen, die heute ebenfalls jedem zugänglich sind.